창업계획서 쉽게 어필하기

창업계획서 쉽게 어필하기

초판 1쇄 인쇄　2014년 11월 25일
초판 1쇄 발행　2014년 11월 30일

지은이　이호철
펴낸이　金泰奉
펴낸곳　한솜미디어
등록　제5-213호

편집　박창서 김수정
마케팅　김명준
홍보　김태일

주소　143-200 서울시 광진구 구의동 243-22
전화　(02)454-0492(代)
팩스　(02)454-0493
이메일　hansom@hansom.co.kr
홈페이지　www.hansom.co.kr

값 13,000원
ISBN 978-89-5959-408-5 (13320)

창업계획서
쉽게 어필하기

이호철 지음

| 시 작 하 면 서 |

10여 년 전 정보통신부에서 주최한 벤처창업경진대회가 있었다. 직장인들 중에 로또를 꿈꾸면서 출품하는 경우가 제법 있었다. 필자도 아이디어를 가지고 있어서 사업계획서를 만들어서 출품하였다. 어? 웬걸… 수상을 하였다. 아무것도 한 것이 없고 단지 아이디어만으로 약 한 달간에 걸쳐서 작성한 사업계획서였는데…. 그것도 직장에 다니면서 틈틈이 작성한, 누가 봐도 어설픈 내용이었다.

필자는 아이디어가 대단하다고 믿게 되었고 과감하게 퇴사하여 창업하였다. 그러나 좋은 회사를 그만두고 돈을 투자한 사업은 결국 망했다.

왜 그랬을까?

여러 요인이 있겠지만 그중 하나가 사업계획서가 너무 부실했기 때문이었다.

경영기획실에서 전략을 수립하고 사업계획서도 치밀하게 짜보았지만 정작 내 사업계획서는 너무 허술했다. 시장 규모와 매출 계획은 숫자를 과다하게 부풀렸고, 고객이나 경쟁사 개념도 없었으며, 무수히 많은 장애요소들을 무시하고 장밋빛 전망과 예측으로 가득 찼었다. 즉, 투자를 받기 위하여 허황된 사업계획서를 만든 것이다.

이런 사업계획서를 보고 누가 투자하겠는가? 그런데 그때는 눈에 뭐가

씌웠는지 주위의 조언을 귀담아듣지 않았다.

현재 필자는 중소기업진흥공단에 있는 청년사관학교에서 문서 작성과 발표에 관한 강의와 코칭을 하고 있으며 여러 창업지원기관에도 출강하여 창업을 지도하고 있다.

예비 창업자들이 작성한 사업계획서를 보면 너무 허술하고 초점이 없으며 복잡하다. 발표를 시켜보면 관점도 없고 장황하며 설명에 급급해서 내용을 정리해 주는데 많은 시간이 걸리기도 한다.

이 책을 통해서 내용이 부실하고 포장에 급급한 사업계획서가 아니라 실제 사업 진행에 가이드가 되는 사업계획서를 만들고 이를 상대에게 짧고 쉽게 어필하는 데 도움을 주고자 한다.

고객이나 투자자는 진짜와 가짜를 잘 구분한다. 진실이 이긴다는 것을 염두에 두고 정확한 사업계획서를 만들기 바라며 이 책이 일정 부분 기여하길 바란다.

이호철

창업계획서 쉽게 어필하기

시작하면서 _ 004

1장 다이어트하라
오프닝 스토리 _ 010
설명하지 말고 설득하라 _ 013
짧게, 그래야 쉽다 _ 015
맥킨지式 엘리베이터 스피치를 알자 _ 017
30초에 사업을 소개하는 방법 _ 020
사업, 제품 소개 사례 _ 022

2장 사업계획서 작성 연구
사업계획서 이해와 작성 내용 _ 030
사업계획서 작성 구체적인 가이드 라인 _ 037
사업계획서의 치명적인 3가지 오류 _ 047

3장 상대가 쉽게 이해하는 프레임으로 만들어라
사업 환경은 PEST로 분석하라 _ 052
적정 수요를 추정하는 페르미 사고 _ 054
페르미 추정 비즈니스 사례 _ 063
철저하게 고객을 세그멘테이션하라 _ 070
핵심 이슈를 체계적으로 추출하는 로직트리 _ 073
로직트리 비즈니스 사례 _ 084
벤치마킹 _ 091

4장 사람 데이터로 객관화하라
검증으로 데이터를 객관화하라 _ 096
설문지 작성 기술 _ 101
인터뷰 기술 _ 116

5장 간결한 문서를 만들어라
1페이지로 전체를 요약하자 _ 132
피라미드 스트럭처로 문서를 구조화하라 _ 137
Mock up으로 패키지 문서를 설계하라 _ 143

6장 사업계획서 작성 사례
사례 1 : 액티브 후드 리피트 시스템 _ 148
사례 2 : ParTECH21 _ 152
사례 3 : Food 사업계획서 _ 165

7장 깔끔하게 말로 어필하라
답변 준비가 필요한 사업계획서 체크리스트 _ 172
결근방으로 대답하라 _ 175
PT에 성공하려면 반드시 원고를 작성하라 _ 178
7가지 강의 표현력을 익혀 설득의 달인이 되자 _ 181
자신감과 진실의 몸동작으로 설득하라 _ 185
상대의 감정을 읽고 대처하라 _ 188

부록 창업계획서 점검 및 평가 체크리스트 _ 193

제 1 장
다이어트하라

오프닝 스토리

당신은 벤처캐피탈의 투자 미팅에 참석하기 위해 회의실로 들어간다. 회의실에는 3명의 전문가가 앉아 있다. 앉아 있는 자세로 보아서 누가 누구인지 알 수 있을 것 같다. 가운데 있는 사람은 팀장이고 오른쪽은 팀원이며 왼쪽은 외부 전문가이다. 팀장은 테이블에서 적당이 떨어져 앉아 있고, 팀원은 테이블에 바짝 붙어서 앉아 있다. 외부 전문가는 의자에 몸을 기대고 앉아 고개를 약간 기울이고 있다. 팀장보다 사회적인 지위가 더 높을 가능성이 있다. 당신은 그들 반대편에 앉는다.

당신이 자료를 보면서 사업 소개를 하려고 하는데 팀장이 말한다.

"설명은 하지 마세요."

당신은 순간 당황하면서 눈이 커지고 미간을 살짝 찡그리면서 '아니 설명을 하지 말라니 무슨 말이지?'라고 생각한다.

당신이 시장 규모와 고객과 기술에 대해서 말하는데 외부 전문가가 손으로 볼을 만지면서 "설명하지 말라고 했는데 설명이 좀 길군요. 1분 드릴 테니 그 안에 우리를 설득해 보세요."

당신은 머리를 쥐어짜서 말을 생각하고 1분 내에 끝내려 하지만 또다시 길어진다.

"자~ 자, 소개는 그만하고 질문하겠습니다."

외부 전문가가 손사래를 치면서 말을 끊고는 다소 짜증 나는 목소리로 질문한다. 당신은 순간 엄청 당황한다.

3명의 평가자들 태도를 보자. 팀장은 당신의 말에 관심이 없는지 문서를 이리저리 들추어본다. 오른쪽에 있던 커피 잔이 왼쪽으로 가 있고 차를 마시는데 팔뚝이 대각선으로 자기의 몸을 방어하는 매우 부정적인 모습이다. 팀원이 당신을 쳐다보는 눈빛은 냉소적이다. 외부 전문가는 몸을 더 뒤로 젖힌 채 팔짱을 끼고 있다.

세 사람의 태도는 처음 시작할 때보다 더 비관적이고 부정적인 태도로 변하였다. 누구의 잘못이라고 비난할 수 없다. 당신이 제대로 설득하지 못해서 벌어진 일이다.

전문가들은 왜 설명 듣는 것을 싫어할까?

먼저 설명이라는 단어는 무슨 뜻일까? 의미를 알아야 설명을 하든 말든 할 것 아닌가. 설명이란 어떤 일이나 사건·상황을 상대편이 알 수 있도록 자세히 말하는 것이다. 이미 발생한 일이나 상황을 상대에게 명확하게 전달한다는 의미이다.

당신의 사업은 어떤가? 사업은 구상 단계이고 성공 여부는 불확실하다. 이런 상황에서 무엇을 어떻게 설명할 것인가. 그래서 3명의 전문가는 설명하지 말라고 한 것이다.

사업 소개를 짧게 받으려는 것은 마치 병원의 응급실 상황과 비슷하다. 당신 가족이 다쳐서 응급실에 실려 왔는데 초조하고 불안하다. 빨리 수술을 하든 무슨 조치를 취해 주기를 원하는데….

의사나 간호사를 보자. 얼마나 침착한가. 당신의 입장에서 보면 거만하고 불친절해 보일 수 있다. 상황이 매우 위급하다고 누누이 설명하고 애원하지만 그들은 건성으로 듣는 것 같다.

그들은 전문가들이다. 위급한 환자는 계속 들어온다. 당신의 입장에서는 당신 가족이 가장 위급하다고 느끼겠지만 그들 입장에서 보면 여러 환자 중의 하나이다. 그들은 이미 환자를 진찰한 후 몇 가지 질문을 통해 모든 상황을 파악한 상태이다.

바로 이것이다. 여러분이 사업을 소개할 때 그들은 채 1분도 지나기 전에 사업의 성공 가능성을 판단한다. 관심이 있으면 주목할 것이고 없으면 다른 생각을 할 수 있고 또는 미팅을 서둘러 끝내려고 할 수도 있다. 당신은 이럴 때 더욱 초조해져 사업의 당위성을 이해시키려고 말이 많아질 것이다. 즉 설명이 길어지는 것이다.

따라서 설명하지 말라는 말을 들었으면 상황은 이미 종료되었다고 생각하면 된다. 아무리 뒤에 결정적인 것이 준비되어 있어도 이미 물 건너갔다.

BUSINESS
설명하지 말고 설득하라

왜 전문가들은 짧게 사업 소개를 받으려고 할까?

3가지 이유가 있다.

첫째, 시간적인 여유가 없기 때문이다. 그들은 할 일이 많다. 예비 창업자에게 시간을 더 투자할 것인지 아니면 자리로 돌아가서 다른 업무를 볼 것인지 판단해야 한다.

둘째, 사업 아이템이 뻔하기 때문이다. 당신은 제안이 매우 참신하고 사업성이 있다고 생각하겠지만 전문가가 볼 때는 평이한, 아니 허접한 것일 수 있다. 그렇다면 예비 창업자의 환상을 빨리 깨뜨릴 필요성도 있어서 날카로운 비판과 함께 자리에서 일어나고 싶을 것이다.

셋째, 말이 길어지면 논쟁이 될 수 있기 때문이다. 예전에 '천지창조'라는 창업 프로젝트 서바이벌 TV 프로그램에서 본선에 진출한 12개 창업팀 중 '톡프루트' 팀이 멘토 교체를 요구하며 녹화를 거부하는 초유의 사태가 발생한 적이 있다.

첫 탈락팀을 결정하는 이날 방송에서 ㅇㅇㅇ 마젤란기술투자 대표가 멘토를 맡은 '톡프루트' 팀과 갈등을 빚었다.

참가팀들의 적극적이지 못한 태도를 꾸짖던 멘토는 '톡프루트'의 원터치 과실 봉투의 가격경쟁력에 대한 평가에서 큰 이견을 보였다. 개그맨 멘토까지 가세한 가격 논란에 대해 '톡프루트' 대표의 아버지는 녹화장을 이탈해 멘토 교체를 요청했다.

가격경쟁력에 대한 지적이 계속되자 "자전거를 팔다 오토바이가 개발되면 자전거 가격을 넘어서면 안 되느냐"며 강한 불만을 표시하던 톡프루트는 우여곡절 끝에 다시 녹화에 참여, 다음 라운드에 진출했다. 이처럼 논쟁이 벌어지면 서로 피곤하기 때문에 사전에 이를 피하려는 경향이 강하다.

초두효과라는 것이 있다. 일종의 선입견이다. 즉 첫 부분의 사업 소개가 매력적이면 집중해서 듣게 되고 듣다 보면 좋아지게 된다. 그래서 설명하지 말고 잘 설득해야 한다.

설명은 현재의 사실을 잘 이해시키는 것인데 당신의 사업은 현재가 아니라 미래이다. 미래의 내용을 현재의 내용으로 포장해서 잘 설득해야 한다.

BUSINESS
짧게, 그래야 쉽다

　필자는 청년창업사관학교에서 코칭하는데 사업 소개를 할 때 문서량이 많고 말이 많으면 사업성이 없어 보이고 실제로도 그렇다. 간략하게 문서를 작성하고 짧게 사업을 소개할 때 오히려 매력적인 경우가 많다.
　말이 장황해지는 이유는 무엇일까?
　첫째, 사업에 대한 콘셉트나 비즈니스 모델 혹은 이미지가 명확하지 못한 경우이다. 고객이 불명확하고 수익 모델이 없는 것이다.
　둘째, 소수 인원으로 창업하기에는 규모가 너무 크거나 또는 현재의 기술력이나 시장 상황으로는 상업화하기 어렵기 때문이다.
　셋째, 개발과정부터 준비할 것이 너무 많고 적잖은 난관이 예상되기 때문이다. 즉 불명확하거나 너무 복잡한 것이다.
　전문가들은 이미 이런 제안들을 수없이 들어온 터라 단 1분만 들어도 판단이 가능하다. 본인조차 짧은 시간 내에 자기의 사업을 제대로 정의하지 못하는데 어떤 사람이 이해할 수 있겠는가.

　최근의 추세를 보자. 뉴스 산업의 전반적인 침체 속에서도 새로운 어법으로 약진하며 전통적인 강자들을 위협하는 온라인 뉴스 매체들이 있다.

- NYT가 새로운 경쟁자로 꼽은 '서카' – 짧은 뉴스 속보로 모바일 유저 흡수
- 팩트보다 재미 앞세운 '버즈피드' – SNS 공유로 월 1억 3,000만 명 방문

유명 블로거나 스타 기자들이 독립해 소규모로 선보인 뉴스 매체들은 기존 저널리즘과는 다른 뉴스의 생산·유통·소비 방식으로 주목받았다.

급변하는 미디어 환경에서 이들의 성공 비결은 무엇일까. 소셜·공유·재가공·모바일 퍼스트·초미니 콘텐츠 등이 이들의 성공 키워드다. 해설 없이 팩트 위주 기사를 한 화면에 40~60단어 내외로 짧게 전달한다.

현재 온라인 뉴스 시장에서 가장 '핫'한 매체는 '버즈피드Buzzfeed'로 북미에서 가장 촉망받는 뉴스 사이트로 꼽힌다. 2013년 11월 방문자 수가 1억 3,000만 명으로 2위인 '허핑턴포스트Huffingtonpost'를 압도적 차이로 누르며, 방문자 수 세계 1위의 커뮤니티 뉴스 사이트에 떠올랐다.

최근에는 유명 벤처 투자가로부터 5,000만 달러를 투자받은 것이 알려져 또 한 번 주목받았다. 이로써 버즈피드는 8억 5,000만 달러의 가치를 지닌 뉴스 미디어 기업으로 평가받게 됐다. 2013년 워싱턴포스트의 매각가(2억 5,000만 달러)보다 세 배 이상 높은 가치를 인정받은 것이다.

현재의 트렌드는 짧음이다. 버즈피드도 그런 트렌드에 잘 맞추어 성공한 것이다. 길면 손해 본다. 짧으면 당신도 쉽고 상대도 쉽게 이해한다. 다이어트해야 한다.

BUSINESS
맥킨지式
엘리베이터 스피치를 알자

　맥킨지 컨설팅에서는 짧은 시간에 고객을 설득하기 위해 엘리베이터 스피치 훈련을 시킨다.
　맥킨지 컨설팅은 미국에 본사를 둔 세계 최고의 경영전략 컨설팅 회사이다. 매년 미국 MBA 출신들이 들어가기 원하는 입사 선호도 1~2위를 차지하는 회사이다.
　이 회사의 주 고객은 우량기업의 CEO나 전략 담당 임원 등 핵심 최고위 간부들이다. 그래서 맥킨지의 고객은 항상 바쁘다.
　당신은 맥킨지 컨설턴트로서 간신히 시간 약속을 잡아 바쁜 고객사의 CEO가 참석한 상태에서 프레젠테이션을 하게 되었다.
　그런데 그 중요한 순간에 CEO의 휴대폰이 울리며 중요한 고객으로부터 전화가 왔다. 그 고객이 CEO에게 면담을 요청하는 바람에 프레젠테이션이 취소되었다.
　자, 이럴 경우 당신이라면 어떻게 할 것인가. 다음 프레젠테이션 일정을 잡아야 할 것인가, 포기할 것인가?
　일단 CEO가 프레젠테이션을 미루고 다른 미팅에 참가한다는 것은 담당자에게 부정적인 신호를 보내는 것이다. 즉, 이 프로젝트가 그렇게 중요하거나 긴박하지 않다는 메시지를 전달하는 것이다. 프로젝트를 설명하기도 전에 기회를 잃는 것이다.

따라서 다음 일정을 잡을 때 담당자는 이러한 상황을 고려하여 일을 처리할 것이다. 아니 어쩌면 이 프로젝트 제안은 프레젠테이션도 하기 전에 이미 폐기처분 통보를 받았다고 생각할 수 있다.

이럴 때 프레젠테이션을 준비한 당신은 가만히 있어야 하는가?

맥킨지 컨설턴트는 이런 상황에서 어떻게 대응할까?

맥킨지에서는 CEO를 따라가서 엘리베이터에 동승하여 핵심적인 내용을 중심으로 간략하지만 강렬하게 보고하라고 한다.

엘리베이터 스피치를 하는 경우는 일단 CEO에게 중요한 점을 전달했기 때문에 CEO는 제품이나 프로젝트에 대해서 우호적인 인상을 받게 된다. 그리고 전체 내용을 빠른 시일 내에 듣고자 하는 흥미가 생기게 된다. 따라서 후속 날짜를 잡기 용이해진다.

〈프레젠테이션 취소에 대한 대응〉

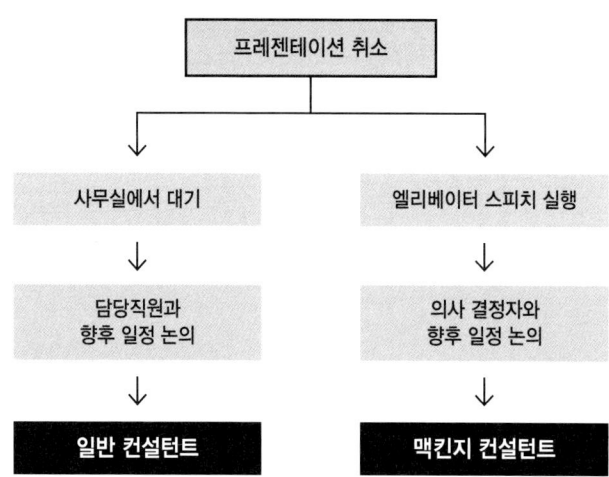

엘리베이터 스피치를 한 장소에서 바로 다음 일정을 잡을 수 있겠지만 한 번 생각해 보자. 의사 결정자가 없는 상대에서 미팅 일정을 잡는 것이 얼마나 어렵고 시간이 오래 걸리는 지루한 일인지.

한 번 주어진 기회를 놓치면 다음 기회가 주어지지 않는다는 절박한 심정으로 일을 처리해야 한다.

그 자리에서 다음 날짜를 확인받으려는 수동적인 자세는 이미 경쟁에서 졌음을 의미한다. 프로페셔널한 의식이 부족한 것이다.

예전에는 엘리베이터 안에서 고객이나 상사에게 30초나 1분 내에 간단하게 구두로 보고하는 것을 엘리베이터 스피치라고 했다.

그러나 최근에는 엘리베이터뿐만 아니라 다양한 장소에서 짧은 시간 내에 핵심 내용을 상대에게 전달하는 것을 엘리베이터 스피치라고 광의로 해석한다.

보고만 하는 것이 아니라 상사나 고객의 즉석 질문에 요령 있게 핵심 사항만을 즉시 대답하는 것도 포함된다.

과거의 엘리베이터 스피치는 오히려 쉬웠다. 왜냐하면 보고할 내용을 사전에 요약하여 짧고 강하게 전달하면 되었기 때문이다. 이니셔티브 즉, 주도권을 보고자가 잡고 있었다.

그러나 요즘은 주도권이 상대에게 있다. 불시에 어떤 질문이 당신에게 던져질지 모른다. 질문에 대한 대답 하나가 당신의 평생 위치를 좌우할 수 있다. 이런 생각을 하면 머리털이 쭈뼛해지지 않는가.

BUSINESS

30초에 사업을 소개하는 방법

짧은 시간에 당신의 사업을 소개해 보자.

중요한 포인트는 기존 제품 혹은 방식과 제안하는 새 제품 혹은 방식의 차이를 극명하게 보여주는 구체적인 표현이다.

예를 들면 "기존에 사용하는 방법은 업무 스피드가 10인데 소개하는 솔루션은 20이다" 또는 "기존 방식은 인력이 10명 투입되는데 새로이 소개하는 방식은 3명이면 된다" 등의 장점을 부각해야 설득력이 높아진다.

잘못된 방법은 직접 비교하는 것이다. 예를 들면 고객은 기존 방식을 바꿀지 결정조차 안 했는데 한 발 더 나아가 경쟁사보다 자사 방식이 좋다고 하면 너무 앞서 나가는 것이다. 고객에게 나쁜 인상을 줄 수 있다.

따라서 두 가지 관점을 순차적으로 전달하면 된다. 먼저 고객에게 가치를 제공하는 부분이고 다음이 경쟁사 대비 우위 요소이다.

"우리의 전산시스템(제품명)은 고객의 니즈인 데이터 처리 속도(고객의 니즈 또는 고객의 관심사항)를 기존 시스템보다 2배 향상(핵심적인 효용 가치)시킬 수 있습니다. 또한, 시스템 설치 시간은 경쟁사 시스템 대비 70% 수준(경쟁사 대비 차별화 포인트)으로 짧습니다."

고객 제안의 두 가지 핵심 요소

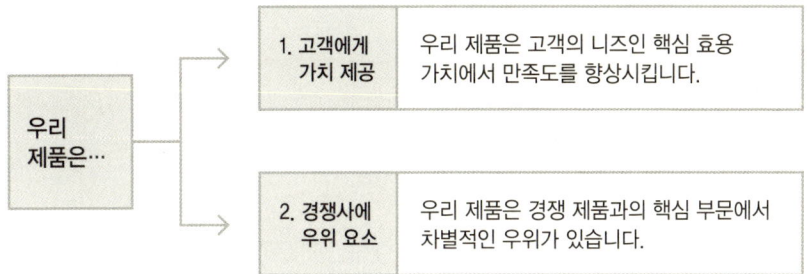

당신은 조미료 회사의 영업사원이다. 마트에서 신제품을 소개할 때 지나가는 소비자들의 호기심을 불러일으켜야 한다. 따라서 간결하고 설득력이 있어야 한다.

제품의 특징은 멸치나 미역 등 천연 재료만을 사용하면서 맛은 기존 제품이나 경쟁사의 유사 제품과 다르지 않은 것이다. 경쟁사도 유사한 제품을 2주일 먼저 출시하였는데 가격에서 당신 회사 제품이 15% 저렴하다.

"이번에 새로 출시된 순맛 제품은 천연의 맛을 요구하는 소비자의 니즈에 부합하여 멸치, 미역 등 천연 재료만을 엄선하여 만든 천연 조미료입니다. 한마디로 건강에 좋은 제품입니다. 순맛은 경쟁사 제품과 비교하면 품질과 맛에서는 동일하지만 가격은 15% 저렴합니다."

사업, 제품 소개 사례

아래의 다양한 사례들을 참고하여 창업 아이템 설득에 적용할 자기만의 표현법을 만들어보자.

우선 우유 제품 소개를 보자.

"이번에 출시한 내추럴플랜 푸어 그래스 밀크는 목초의 비율을 무려 70%까지 높인 사료를 먹은 소의 우유로 일반 우유와는 영양적인 면에서 차이가 있는 목초 우유입니다. 또한 내추럴플랜은 목초 우유의 전형적인 특징인 오메가 3와 오메가 6의 이상적인 지방산 비율을 갖추어 WHO에서 권장하는 1:4 이내의 황금비를 구성하고 있습니다.

오메가 3는 일반 우유 대비 2.6배이며 칼슘도 일반 우유 대비 15% 향상되어 골격 형성에 도움을 줍니다. 비타민 D는 일반 우유 대비 15% 향상되어 칼슘 흡수를 도와주며 비타민 A는 일반 우유 대비 2배가 높아 골격 성장과 시력 보호에 좋습니다.

내추럴플랜은 우량 젖소 750마리를 선별한 후 철저한 케어시스템을 통해 생산량을 하루 약 24,000병 이내로 제한하는 최고급 우유입니다.

경쟁사 대비 우위 요소는 크림입니다. 병 뚜껑을 열면 'Cream on Top'이라고 적혀 있을 정도로 크림이 생깁니다. 고소하면서 부드러운 맛으로 성인이 마셔도 반할 맛입니다. 인위적인 가공 단계를 줄여서 자연스러운 크림이 생기도록 하였습니다. 또한 젖소가 먹는 풀 중 알팔파라는 목초는 몽골에 조성된 대규모 초지에서 조달하여 발효 숙성 과정을 거쳐 저장되는데 알팔파에 더하여 소가 좋아하는 티모시와 연맥도 넣었습니다. 사료에서 옥수수를 제거했고, 관행적으로 사용되고 있는 동물성 사료도 제거한 것이 특징입니다."

이처럼 많은 정보를 주면 복잡하고 혼란스럽다. 또한 고객의 니즈가 무엇인지 잘 나타나 있지 않다. 고객의 니즈가 지방산 황금율인지 또는 비타민인지 하나로 단순화해서 짧게 하는 것이 바람직하다. 경쟁우위 요소에서는 부드러운 맛을 명쾌하게 정리하여 전달해야 한다.
앞 내용을 다시 정리하면 다음과 같다.

"내추럴플랜 푸어 그래스 밀크는 고객이 중요하게 여기는 오메가 3와 6의 황금비율을 WHO가 권장하는 비율에 맞춘 우수한 우유라 건강에 매우 유익합니다. 경쟁사 대비 차별화 포인트는 고소하고 부드러운 맛입니다. 인위적인 가공 단계를 줄여서 나타난 크림이 자연스러운 맛의 핵심입니다."

"우리 회사 이슈 보고서(스마트그리드 분야)는 국내 전문가들의 최대 관심사인 해외 스마트그리드 표준화에 대한 정보를 제공합니다. 기존 월간 동향이나 뉴스레터가 보도기사 위주로 구성한 것과는 달리, 스마트그리드 분야의 심층분석 자료와 미국 에너지국DOE에서 발표한 최근 스마트그리드 정책 및 기술 자료를 수록하였습니다. 또한, 국내·외 스마트그리드 전문가들의 표준화기술 연구 동향을 특별 기고에 포함하여, 산업분야 전문가들에게 제품개발을 위한 중요한 자료를 제공합니다."

위 사례는 고객의 가치 창출에 대해서 명확히 정의하였으며 기존 경쟁사와 차별화된 부분도 거론하고 있다.

고객이 건강에 대한 전반적인 관심이 있으나 구체적인 제품은 결정하지 못한 상황에서 문의가 들어오면 고객의 구매 결정에 도움을 주어야 한다. 40대에 접어든 한 남성이 갑자기 쇠약해진 자신의 건강에 위기감을 느껴 상담을 요청했다.

우리나라 40대 남성의 건강 상태에 대해 얘기하면서 고객의 상태를 확인하여 현 상황에서 가장 좋은 제품으로 헛개나무를 원료로 만든 '우라스'를 권했다.

우리나라 40대 남성들의 건강 상태와 이 제품이 나온 배경 등을 압축하여 설명하면 고객은 좀 더 편하게 의사결정을 내릴 수 있을 것이다.

"우라스는 40대 남성의 니즈인 간 기능 강화에 도움이 됩니다. 식약청에서도 입증하는 효능을 가지고 있습니다. 또한 경쟁사에 비해 가격도 20% 저렴합니다."

40대 남성의 관심 사항은 잦은 음주와 흡연으로 인한 간 기능 약화이다. 따라서 간 기능 강화가 핵심적인 요구사항이므로 이를 강조하였다. 또한 경쟁사에 비해서 가격이 저렴함을 제시하였다.

이번에는 건강에 문제가 있는 30대 중반 여성 고객의 경우를 보자.

고객은 미혼이며 피부가 좋지 않고 변비에 시달린다는 구체적인 문제를 문의한다. 고객은 건강에 대한 관심보다는 미용에 대한 관심이 많았으며 특히 피부와 장에 좋은 제품의 추천을 요구했다. 결국 어느 정도 자신의 관심사에 대한 기본적인 지식은 가지고 있다고 판단하여 추가적으로 꼭 필요한 핵심정보들을 제공하였으며 자사 제품인 비타민 C 알리시를 권유하였다.

"비타민 C 알리시는 30대 여성의 걱정거리인 피부 트러블과 변비에 좋은 생약 성분이 풍부합니다. 또한 경쟁사 제품에 비해서 크기가 작고 포장 디자인이 예뻐서 항상 지니고 다닐 수 있으며 어디서나 손쉽게 복용할 수 있습니다."

이 30대 여성의 관심사항은 피부 문제와 변비이다. 이 니즈를 해결할 수 있는 솔루션으로 알리시의 생약 성분을 강조하였다. 또한 작고 간편하여 복용이 용이하며 예쁘게 포장하여 미관이 뛰어남을 강조하였다.

"우리 회사의 탁상용 스탠드는 고객의 니즈인 눈의 편안함을 위해 자연광을 재현한 3파장 전구를 채택하고 있어 눈의 피로를 1/3 수준으로 줄일 수 있습니다. 경쟁사 제품과 비교해서 수명이 2배 길고 전기요금도 20w로 기존 형광등의 절반 정도이어서 한 달에 1,000원밖에 나오지 않습니다."

"신제품 '스페셜 K 레드 크런치'에 대해 말씀 드리겠습니다. 스페셜 K 레드 크런치는 '체중조절용 조제식품'입니다. 기존의 시리얼이 간편함으로 바쁜 현대인의 욕구를 충족시켰다면, 이 제품은 거기에 더하여 다이어트에 큰 관심이 있는 현대인에게 부합하는 식품입니다. 게다가, 경쟁사 제품이 다이어트에만 초점을 맞추었다면, 저희 제품은 웰빙음식인 상큼한 크랜베리, 상큼달콤한 와일드베리 및 15%의 레드 크런치가 함유되어 건강과 맛에 대한 만족도도 높습니다."

"당사 신제품인 욕실 슬리퍼는 고객의 니즈인 편리성을 높여서 상하 어느 방향으로도 신을 수 있으며, 좌우 구분없이 편리하게 사용하실 수 있습니다. 또한 바닥에 붙지 않는 접착제를 이용해서 욕실에서 미끄러지지 않는 안전함을 보장합니다. 이런 우수점에도 불구하고 타사와 비교해서 가격 면에서 10% 저렴합니다. 또한 전국 어디서나 볼 수 있는 편의점에서 구매 가능합니다."

"새로이 출시된 커피머신 아이젠소는 20Bar의 고압력 펌프와 세밀한 필터가 내장되어 두 잔의 에스프레소를 동시에 추출하고 크레마 조절, 원두 분쇄가 가능한 제품으로 집에서 고급커피를 즐기려는 고객에게 적합한 상품입니다. 그럼에도 가격은 경쟁사 제품에 비해 약 30% 저렴합니다."

"최근 새로이 개발한 '퓨어 콜라겐(사과 & 딸기)'은 칼로리, 맛 등에 민감하며 피부에 관심이 큰 여성들의 니즈를 만족시킬 수 있도록 천연과즙을 넣어 깔끔한 맛을 낸 건강식 발효유입니다. 타사 대비 약 10% 더 천연과즙이 함유되어 있으며, 음료를 통해 세포와 세포가 떨어지지 않도록 해주는 단백질인 '콜라겐'을 섭취할 수 있어 다이어트, 피로 회복, 동안 피부 등의 긍정적인 효과를 기대할 수 있습니다."

"이번에 새로 출시한 홍삼 제품은 편리하고 간단하면서 웰빙을 원하는 소비자들의 취향에 맞춰 면역력을 더 강화시켜 줄 수 있는 오가피, 산수유를 첨가하였을 뿐만 아니라 휴대하기 쉬운 포장지를 사용하였습니다. 경쟁사 대비 품질이나 맛에서 우수한데 가격은 15% 저렴합니다."

"라오라 2는 거대한 세계와 완성도 높은 게임을 원하는 유저의 니즈에 부합하기 위해 오랜 기간 동안 수많은 유저의 검증과 데이터를 모아 심혈을 기울여 제작하였습니다. 경쟁 게임보다 3배 이상 많은 동시 접속자와 유저들이 재미를 입증합니다. 라오라 2는 국가기술 대상 및 수많은 게임상을 휩쓸었으며 각종 매체에서 다른 어떤 게임보다 높은 점수를 받은 세계 최고의 게임입니다."

"이번에 출시한 호호 화장품은 40대 이상 고객의 니즈인 안티에이징 효과가 뛰어나며 흡수력, 재생력, 주름 개선 기능으로 특허를 받았습니다. 타사 화장품에 비해 가격은 30% 싸며, 20% 적은 양을 발라도 동일한 효과를 볼 수 있습니다. 즉, 가격이 타사 제품 대비 50% 정도 저렴합니다."

제 2 장

사업계획서 작성 연구

사업계획서 이해와 작성 내용

사업계획서란 사업 아이템을 실행가능한 구체적인 계획으로 발전시키는 말 그대로 사업을 시작하기 전 사업 전반을 계획한 문서이다. 사업 전반에 대한 내용이란 시장 분석, 목표 시장과 시장의 경쟁 환경과 분석, 목표 고객에 대한 정의, 자금과 주요 일정, 기대 수익 등을 포함한다.

사업계획서를 작성하기까지 준비해야 할 7단계를 알아보자. 물론 반드시 이대로 진행되는 것은 아니고 업종에 따라 불필요한 부분도 있다.

1단계 : 창업 환경을 검토하라

창업 환경은 창업자가 마음에 두고 있는 업종의 현황과 전망을 살펴보는 것부터 창업자의 능력과 자질, 경험을 평가하는 적성검사 및 가정환경, 창업동기, 창업 이론 수준 등을 종합적으로 검토하는 것이다. 따라서 창업 환경은 크게 창업자 본인을 파악할 수 있는 내부환경 분석과 창업 업종의 전반적인 사회·시장분위기를 판단할 수 있는 외부환경 등 2가지로 나뉜다.

내성적인 성격으로 타인에게 쉽게 다가가지 못하는 창업자가 영업을 주도해야 하는 창업을 고려한다면, 내부환경 검토에서 낮은 점수를 받을 수밖에 없는데 많은 창업자들이 내부환경을 간과한 채 외부환경만 검토하는 실수를 저지르곤 한다는 점을 꼭 기억하기 바란다.

2단계 : 업종을 선택하라

창업 준비에서 가장 많은 시간적 투자가 필요한 단계이다. 흔히 창업 아이템, 창업 아이디어라고도 하는데 성장성, 안정성이 있는 3~5개 정도 후보 중 꾸준한 시장조사를 통해 최종적으로 하나를 선택하는데, 후보로 올린 각각 아이템의 이유와 전망에 대해서 글로 적어보는 것이 좋다.

기본적으로 창업 아이템은 SWOT 분석을 통해 1차적으로 살펴보고, 향후 사업 범위까지 설정하면서 장기적인 관점에서 따져보는 것이 중요하다. 이때 사업 범위는 너무 작지 않게, 창업자가 충분히 감당할 수 있을 정도의 수준으로 설정한다.

3단계 : 사업 타당성 검토하기

업종을 선정했다면 다음은 해당 아이템에 대한 상품성, 시장성, 수익성, 안전성 등을 검토하여 사업 타당성을 살펴보는 단계이다.

사업 타당성 검토란 성공적 창업을 위해 아이템을 객관적인 관점에서 평가하는 것이다. 사업 타당성은 SWOT 분석이 기본으로 2단계에서 보다 디테일하고 현실적인 SWOT 분석이 진행되어야 한다. 이를 통해 아이템의 강점과 약점, 기회, 위협을 살펴보고 약점은 강점으로 극복할 수 있는지, 위협은 기회로 보완할 수 있는지 등을 꼼꼼히 따져야 한다.

4단계 : 시장조사 분석하기

창업준비 4번째 단계이자, 모든 단계에서 지속적으로 행해져야 하는 것이 시장조사 분석이다. 창업 아이템의 시장 규모, 경쟁업체, 유사업체 비교와 지속적으로 변화하는 소비자 행태, 변화 추세, 향후 수요 전망 등을 총체적으로 살펴보는 것이 시장조사 분석이다.

선정된 아이템이 유사한 제품들과 비교하여 어떤 경쟁력을 가지고 있는지, 창업 후 시장을 선점할 수 있는지가 주요 관건이며, 지속적으로 소비자 수요 변화 및 변화 추이를 분석하면서 해당 분야에 통찰력 있는 시야를 확보하는 것이 중요하다.

5단계 : 투자자금 규모 설정하기

원활한 창업을 위해 창업자금을 마련하는 것도 창업준비 단계에서 빼놓을 수 없는 중요한 부분이다. 이때, 자금 규모와 세부적인 조달 계획을 설정하는데, 자금 규모를 설정할 때는 앞서 진행한 시장분석 결과, 소비자 행태 등에 근거하여 경쟁업체/유사업체까지 고려해야 한다.

초기에 투자자금 규모와 자금 용도를 세밀하게 설정해 두면 향후 창업준비 과정에서 예상치 못한 일이 발생하더라도 상대적으로 수월하게 해결해 나아갈 수 있다. 만약, 그때 그때 예상치 못한 실수를 처리하기에 급급하다면 정작 필요할 때 자금이 부족한 일이 생길 수 있으므로 유의해야 한다.

6단계 : 사업성 분석하기

 창업준비 단계에서 많은 사람들이 어려워하는 것이 사업성 분석이다. 막상 창업을 준비하지만, 시장이 어떤 방향으로 흘러갈지 예측하기 어렵기 때문에 예상 매출액 및 당기 순이익, 손익분기점을 설정하기 애매할 때가 많다. 투자 업체나 투자자를 통해 창업자금을 마련했다면 철저한 사업성 분석이 뒤따르는 것은 당연하다.

7단계 : 사업계획서 작성하기

 마지막 단계인 사업계획서 작성하기다. 1~6단계를 거치면서 모으고 정리한 자료를 문서화하는 단계로, 창업자가 선정한 아이템의 투자·생산·판매활동을 구체화한다. 이렇게 작성한 사업계획서는 향후 정부 창업지원사업에 선정될 수 있는 근거자료가 될 수 있으며, 창업을 진행함에 있어 가이드라인 역할을 하게 된다.
 시간을 얼마나 투자해 분석하느냐에 따라 사업계획서에 대한 신뢰도 차이가 발생하고 이것은 곧 성공 창업과 직결된다. 따라서 사업계획서를 작성할 때 그동안 모은 자료와 경험을 십분 활용해야 한다.

 다음은 사업계획서 풀 버전이다. 필요에 따라서 일부는 작성하지 않아도 된다.

사업계획서 풀 버전

1. 사업계획 요약문
1) 사업 개념
2) 기회 및 전략
3) 목표시장 및 시장 추이
4) 경쟁우위(기술적 우위)
5) 경제성/ 수익성/ 잠재성
6) 창업팀 구성
7) 투자 요청 내용(필요시)

2. 계획사업의 개요
1) 개발 동기
2) 사업 내용
3) 생산제품의 특성
4) 기대효과

3. 시장현황
1) 수요자 : 목표시장, 시장세분화, 수요자 특성 등
2) 시장의 규모와 전망(국내외)
3) 동종업계 현황 및 시장점유율
4) 계획 제품의 시장 침투 가능성
5) 예상 시장점유율 및 예상 매출 규모

4. 개발계획

1) 제품개발현황 및 관련 업무
2) 기술개발 위험도 분석 : 어려운 점 및 위험 요인
3) 개발비용
4) 특허권 등에 관한 사항

5. 판매 및 마케팅 계획

1) 전반적인 마케팅 전략
2) 가격 정책
3) A/S 계획
4) 광고/판촉 활동
5) 판매 형태 및 판매망
6) 국내 판매 계획/ 수출 계획

6. 공장입지 및 생산 계획

1) 공장 입지 조건 분석
2) 제조공정도
3) 생산 전략
    ① 자체 생산 계획
    ② 외주 생산 계획
4) 생산 능력 및 생산 가능 계획

7. 설비 투자 계획

1) 제조 설비 및 검사 설비 내용

2) 구입처, 수량, 가격

8. 원·부자재 조달 계획

1) 국내 조달 시 업체명, 수량, 가격
2) 해외 조달 시 국가명, 수입 단가

9. 조직 운영계획

1) 조직도(경영진, 기술진, 생산, 영업 관리 등 인원 포함)
2) 인건비 계획

10. 재무 계획

1) 과거 실적(3개년) : 손익계산서, 대차대조표
2) 추정 대차대조표
3) 추정 손익계산서
4) 추정 제조원가 명세서
5) 추정 현금흐름표
6) 소요 자금 및 조달 계획
7) 차입금 상환 계획

11. 투자 조건

1) 조달 자금 규모
2) 투자 요청 내역 및 투자 조건
3) 자금 활용 계획 및 투자자 예상 수익

사업계획서 작성
구체적인 가이드 라인

    사업계획서는 사업 종류와 달성 목표에 따라 다르게 작성해야 한다. 예를 들어, 사업 초창기의 사업계획서는 새로운 시장을 개척하기 위한 사업계획서와는 달라야 한다. 그러나 차이가 있음에도 불구하고 잘 작성된 사업계획서는 공통된 몇 가지 특징이 있다.

    첫째, 그 자체로 생명력이 있다.
    잘 만들어진 사업계획서는 자체적으로 잘 짜여진 구조를 가지고 있다. 처음에는 몇 가지 핵심적이고 기본적인 사업 개념만 제시하다 점점 세부적인 사항으로 전개되고, 또 그에 대한 근거를 제시하는 형식이 보는 사람으로 하여금 지겹지 않고 성공에 대한 확신을 갖게 한다.
    둘째, 명확하다.
    사업계획서에서 투자자들이 궁금해하는 사항이나 관심 있는 분야에 대해서 쉽게 답을 구할 수 있어야 한다. 그러기 위해서 사업계획서는 그야말로 유리처럼 투명해야 한다.
    투자자들에게 확신을 주는 것은 분석자료의 많고 적음이 아니라 중요성에 따라 간결하게 표현된 명확한 결론이다. 따라서 투자자들의 관심을 끌만한 사항이면 어떤 주제든지 완벽하고 간결하게 정리해야 한다.

셋째, 객관성이 있다.

종종 자신의 감정을 표현할 때 스스로 도취되어 객관성을 잃는 경우가 있다. 물론 사업계획서는 적극적으로 작성되어야 하지만 투자자가 창업자의 주장에 집중할 수 있도록 객관성을 유지하는 것이 바람직하다. 광고 카피처럼 쓰여진 사업계획서는 호감을 주기보다는 오히려 거절당하기 쉽다. 그런 사업계획서는 의구심만 줄 뿐이다.

마찬가지로 자신의 계획에 대해서 지나치게 비판적으로 쓰는 것 또한 위험하다. 계산에 오류가 있다거나 과거의 실수를 언급하는 것은 오히려 투자자로 하여금 창업자의 능력에 대해서 의구심만 불러일으킬 뿐이다.

넷째, 문외한도 이해할 수 있을 정도로 쉽다.

몇몇 창업자들은 정교하게 디자인 된 사업계획서나 복잡해 보이는 분석자료 같은 기술적인 부분으로 투자자들에게 강한 인상을 심어줄 수 있다고 믿는 경우가 있다.

그러나 사실과 다르다. 몇몇 기술분야의 전문가들만이 사업계획서를 평가하는데 참여한다. 대개의 투자자들은 기술적인 문제에 대해 별로 관심이 없고 분명한 사진이나 그림 같은 단순한 설명에 대해 평가한다.

특별한 이유로 기술적 분석을 포함해야 한다면 별첨자료로 준비하는 것이 좋다.

다섯째, 일관성과 통일감이 있다.

사업계획서를 작성하는 과정에는 여러 분야의 사람들이 참여하겠지만 일관성을 유지하기 위해서 최종 계획서는 반드시 한 사람이 작성해야 한다. 분량은 30페이지 정도가 적당하다.

사업계획서는 일정한 스타일로 작성되어야 할 뿐 아니라 전문적이어야 한다. 제목을 다양한 크기나 형태로 하더라도 구조는 일관성을 유지해야 한다. 회사 마크 같은 효과적인 그래픽의 사용은 사업계획서를 훨씬 더 단정하게 보이게 한다.

구체적인 작성 방법을 알아보자.

1) 사업개요 Executive Summary

사업개요는 투자자에게 사업에 관해 간략하게 윤곽을 보여주는 것이기 때문에 당연히 그들의 관심을 끌도록 작성해야 한다.

사업개요에는 고객에 대한 가치, 생산제품과 서비스, 대상시장, 경영진에 대한 자료, 투자규모와 조건, 투자자들이 합리적으로 어느 정도의 수익을 기대할 수 있는지에 대한 전반적인 내용을 담아야 한다.

투자자는 대충이라도 사업개요를 가장 먼저 본다. 사업개요가 잘 작성되어 있다고 반드시 투자로 연결되는 것은 아니지만 엉성하게 짜여진 사업개요는 투자자의 등을 돌리게 만든다.

분명하고 객관적이며 합리적으로 쓰여진 사업개요는 예비 창업자가 사업에 대해서 정확히 알고 있다는 사실을 보여준다. 따라서 사업개요 작성에 시간을 투자하라.

2) 회사개요 Company Profile

회사개요에서는 장차 예비 창업자의 회사가 추구할 '비전'에 대해서 설명해야 한다. 예비 창업자의 사업 구상과 회사의 목표를 강조하는 것이 중요하다. 다음과 같은 내용이 포함된다.

- 회사를 설립하는 배경은 무엇인가?
- 회사의 법적 지위는 어떤 것인가?(법인인지, 개인기업인지…)
- 주주 구성은 어떻게 할 것인가?

목표를 달성하기 위해서 어떻게 포지셔닝하고, 어떤 전략을 구사할 것인지에 대한 생생한 그림을 전달할 수 있어야 한다. 시장의 잠재력을 바탕으로 예비 창업자의 회사가 얼마나 성장할 수 있는지 보여줘야 한다. 예를 들면 다음과 같은 내용이다.

- 장기적인 목표는 무엇인가?
- 목표를 달성하기 위한 복안이 있는가?
- 어떤 전략을 구사할 것인가?
  예를 들면 저가전략인가? 차별화전략인가?
- 최종 목표 달성을 위한 단계적 목표가 있는가?

3) 제품 또는 서비스 Product or Service

예비 창업자는 생산하고자 하는 제품을 비교적 자세히, 쉽게 설명할 필요가 있다. 현재 나와 있는 제품과 비교해서 장점, 고객에게 줄 수 있는 혜택에 대해서 설명해 주고, 기본적인 생산에 필요한 사항들을 설명해 주어야 한다.

• 고객 가치

새로운 비지니스가 유망한 것으로 보이려면, 기존에 나와 있는 제품

보다 새로운 제품이 우월하다는 것을 설득할 수 있어야 한다. 비교할 수 있는 제품이 있다면, 고객 입장에서 예비 창업자의 제품을 구입했을 경우의 장점, 그리고 경쟁제품을 이용했을 경우의 단점을 설명하는 것이 좋다.

만약 여러 종류의 제품을 동시에 설명하려면, 가장 중요하다고 생각되는 한두 가지에 집중하고, 나머지는 크게 분류하여 요약하는 수준이 좋다.

- **개발현황**

기술적인 세부사항들은 피하고 가능한 한 쉽고 단순하게 설명해야 한다. 시제품이나 프로토 타입이 있으면 기술개발을 위한 예비 창업자 회사의 능력을 보여주는 데 매우 유용하다.

다른 회사가 제품을 기피하지 못하도록 막는 법저·기술적 방법도 제시해야 한다. 제품 개발 과정에서 해결해야 할 문제가 있다면 피하지 말고 다루도록 한다.

- **생산단계**

어떤 단계를 거쳐 생산되는지 설명하고, 필요한 장비, 생산용량, 확장가능성, 최소 매출규모, 생산에 필요한 자금 규모 등을 언급한다

4) 산업과 시장 Industry and Market

해당 분야의 시장잠재력이 클 경우에 예비 창업자의 회사도 성장할 가능성이 높다. 산업 전반에 대한 분석과 예비 창업자가 영업하려는 시장

을 세분화한 자료가 있어야 시장에서의 잠재력을 예상할 수 있다.

단순히 사업계획서에서 제시하는 숫자만으로 투자자를 설득할 수 있을 것이라고 생각해서는 안 된다. 반드시 시장에 영향을 줄 수 있는 요인과 마케팅 전략이 뒷받침되어야 한다.

분석에 필요한 정보는 무역 관련 전문잡지, 시장연구자료, 디렉토리, 정부 관련부처, 통계자료, 특허 관련 자료, 상공회의소, 은행에서 발간하는 시장 분석자료, 인터넷 등에서 얻을 수 있고, 관련 전문가와 '인터뷰'를 하는 것도 좋은 방법이다.

그러나 이러한 정보만으로 의미 있는 결론을 끌어낼 수는 없다. 이를 위해서는 일정한 가정을 스스로 짜보아야 한다. 전체적인 산업에서 목표시장으로 좁혀 들어가서 개별적인 소비자, 그리고 매출로 연결이 가능한 범위까지 분석을 통해서 논리적으로 설명할 수 있어야 한다.

산업에 대해 분석할 때는 시장 규모, 통상적인 수익률, 제품혁신 속도, 진입 장벽, 경쟁상태, 공급자, 소비자 및 유통경로에 대한 설명이 포함되어야 한다.

경쟁자를 분석할 때는 경쟁자와 매출 및 이익 경쟁에서 중요한 요인들을 평가해야 한다. 성장률, 가격책정, 시장점유율, 원가구조, 생산라인, 고객에 대한 서비스, 유통채널 등이 있다. 그러나 읽는 사람이 지겹지 않게 너무 세부적으로 작성하지 않도록 유의한다.

5) 마케팅Marketing 계획

마케팅에 대해서는 어떻게 시장에 진입하고 성장할 수 있는지 예비 창업자의 아이디어나 능력을 보여줄 수 있어야 한다. 예비 창업자의 매출 예상이 실제 얼마나 정확하게 매출로 연결되느냐 하는 부분은 매우 중요하다.

• 제품 소개

새로운 회사는 '단계적으로' 시장에 진입하는 것이 좋다. 즉, 제품 또는 서비스를 처음 소개할 때 대대적으로 광고하는 것보다 효과적인 것이 'Pilot Customers'(몇몇 시험대상을 위한 고객)를 이용하는 것이다.

해당산업에서 영향력이 있는 고객 중에서 예비 창업자의 제품을 소개하는 데 참여할 만한 사람을 찾아보라.

• 마케팅전략

여기서는 어떻게 고객이 제품을 사게 할 것인지, 판매과정과 유통, 예상되는 마케팅 비용 등을 설명한다.

얼마나 많은 인원이 필요한지, 어떤 기술을 보유해야 하는지, 어떻게 판매에 대한 동기부여를 할 것인지, 도매할 것인지 직접 판매할 것인지, 가격을 책정할 때 대체재의 가격, 고객이 기존의 제품에서 새로운 제품으로 바꿀 때 소요될(Switching) 비용, 마진율 등을 고려하여 가격을 설정한다. 마지막으로 책정된 가격이 비용을 커버할 수 있는지 점검한다.

• 프로모션

고객에게 어떻게 예비 창업자의 제품 또는 서비스를 알릴 것인지 밝힌다. 제품 또는 서비스 타입이나 가격에 맞는 프로모션 방법을 선택한다. 예를 들면 프린트 광고, 방송 광고, 전시회 참가 등이 있다.

6) 경영진 Management and Key People

경영진에 대한 부분은 투자자들이 보통 사업 개요 다음으로 가장 먼저 보는 부분이다. 그들은 경영진이 과연 사업체를 만들어서 경영할 수 있는 능력과 노하우가 있는지 관심이 많다.

예비 창업자들은 종종 이 문제를 간과해서 간단히 설명하거나 대충 작성하는 경향이 있다. 이 부분에 많은 신경을 쓰도록 하라.

경영진을 설명할 때 회사의 미래에 중요한 역할을 할 사람들을 강조한다. 과거의 성공 경험은 학벌보다 훨씬 중요하다. 따라서 만약 경험이 없는 사람을 중요한 자리에 앉힌다면 이유를 설명할 필요가 있다. 회사 내에서 어떻게 기능과 책임이 분담되는지도 설명해야 한다.

당신의 회사에 자문을 해주는 사람에 대해서 언급하는 것은 매우 긍정적이다. 사업을 시작할 때 필요한 기술과 경험이 있는 사람은 만나기 어렵기 때문에 회계사, 홍보대행사, 경영컨설턴트 등 필요한 분야의 전문가를 영입하는 것은 투자자를 안심시킬 수 있다.

경영진에 대한 보상을 어떻게 할 계획인지도 반드시 설명해야 한다. 그렇지만 일반적인 수준을 벗어나는 것은 좋지 않다. 기본적으로 매출이나 이익 등 성과를 기반으로 보상하는 방식을 취해야 한다.

7) 5년간의 재무계획 financial plans

앞에서 언급한 요소들을 토대로 5년 동안의 재무계획서를 작성한다. 재무계획서는 유동성, 추정 대차대조표, 추정 손익계산서 등 세 부분으로 나뉘어진다.

유동성liquidity 추정은 사업계획서를 이행하는데 필요한 자금을 결정하는 중요한 정보가 된다. 자산평가에서 첫 번째로 예상되는 수입원이 될 수 있으며 이후에는 추정 대차대조표 pro forma balance sheet를 구성한다.

• 추정수입

투자자들은 연말까지 예상되는 순이익을 알고자 할 것이다. 기본적인 손익계산서의 기준에 따라 작성된 5년간의 추정 수입에 대한 정보를 제공한다.

실제 수입은 다음 해에 발생하더라도 영업은 1년 안에 이루어져야 한다. 지출은 반대 방향이다. 손익계산서는 1년을 기본으로 작성한다.

• 추정대차대조표

투자자들은 자산이 얼마나 증가하는지 알기 위해서 추정 대차대조표에 관심이 있다. 지침서대로 손익계산서와 함께 회계 형식으로 작성해야 한다. 대차대조표도 1년을 기본으로 작성한다. 재무계획을 세워본 경험이 없다면 세무 컨설턴트나 회계사 같은 전문가와 상담하는 것이 좋다.

• 기회와 위험성

최악의 상황일 때는 위기를 타개하기 위해서, 최상의 상황일 때는 이익을 극대화하기 위해서 명확한 기준을 세워 행동지침을 만들어두어야 한다. 투자자는 이러한 준비성을 보며 사업계획서의 문제점과 투자의 안전성을 판단할 것이다.

- **향후 자금조달 계획**

 자금조달 계획은 자금을 필요로 하는 시기와 금액을 결정해 준다. 그러나 항상 일치하지는 않는다. 개발비, 초기 생산비용, 여유자금 조달 계획이나 자금이 필요할 때 투자할 수 있는 사람과 돈을 차용할 수 있는 곳은 수시로 점검해야 한다.

 투자회사, 정부단체, 회사, 개인투자가와 은행은 각각의 성격이나 특성을 명확하게 구분해 두어야 한다.

 선택의 폭은 매우 광범위하다. 단기 자금은 신용이나 외상매출금, 차입금으로 공급이 가능하다. 이와 달리 장기 자금은 공공펀드, 은행 대출, 현금 또는 비현금성 기부금, 자본 참여와 자기자본 참여 등의 방법으로 공급받을 수 있다.

사업계획서의
치명적인 3가지 오류

사업계획서를 작성하고 검토하다 보면 일반적으로 3가지의 치명적인 오류를 발견하게 된다.

첫째, 숫자를 부풀리거나 허황된 숫자를 제시한 것이다. 수요나 매출 목표가 크게 과장되어 있다.

둘째, 객관적인 증거 없이 모든 것이 주관적이다. 객관적인 데이터로 입증된 것이 아니라 주관적인 추정에 의해 설명하려고 한다.

셋째, 핵심에 집중하지 못하고 부수적이거나 지엽적인 내용이 많다. 쪽수나 글은 많은데 산만하고 구체적이지 못하다.

이 모든 것은 너무 낙관적인 것에 기인한다. 자신의 사업에 대해서 긍정적인 것은 좋지만 근거 없는 낙관은 성공보다는 실패에 가깝다.

로저 스크루턴은 『긍정의 오류』라는 책에서 도박꾼과 선거꾼은 공통점이 있다고 했다. 도박꾼은 다른 사람들은 다 잃어도 자기만은 딸 것이라는 터무니없는 망상에 이끌려 도박판에 앉는다. 선거에 중독된 사람들은 밑도 끝도 없이 100% 당선을 확신하며 선거판에 뛰어든다.

스크루턴은 한때 세계 경제의 목을 죄었던 '신용 경색'이야말로 이런 양심에 털 난 낙천주의자들이 꾸민 '최상의 시나리오 오류'라고 지적한다. 지나치게 비관적이어도 문제지만 너무 낙관적인 것은 더 큰 재앙이라는 것이다.

사업을 하면서 약간의 비관주의는 도움이 될 수 있다. 미래에 대해 좀 더 부정적으로 전망하는 것이 더 길고 건강한 삶으로 이어질 수 있다는 연구 결과도 있다. 캘리포니아 대학교 샌디에이고의 딜립 예스테 정신의학 및 신경과학 교수는 "우리는 종종 문헌과 공적 담화에서 사람들이 90% 이상 낙천적이길 원한다"며 "그것은 좋지 않다. 성공을 위해서는 균형 잡힌 시각을 갖고 성격에 약간 비관적인 부분이 있는 것이 훨씬 좋다"고 설명한다.

감옥에 있는 사람 중에서 낙관주의자들은 다가오는 크리스마스에는 나갈 수 있을 것이라고 스스로와 주위 사람들에게 희망을 불어넣다가 크리스마스가 지나면 부활절에는 나갈 수 있을 것이라고 기대하는 일을 반복하면서 결국에는 상심해서 죽는다고 한다.

반면에 현실주의자들은 크리스마스 때까지는 나가지 못할 것이라며 그에 대비하는 마음가짐을 가짐으로써 결국 살아남는다고 한다.

미국이 패한 이후 베트남의 하노이 포로수용소에서 8년 동안 갇혀 있으며 부하 병사들을 돌봤던 스톡데일 장군은 힘든 포로수용소 생활을 견디며 살아남은 병사들은 낙관주의자가 아니라 현실적 비관주의자라고 말했다.

곧 고향으로 갈 수 있을 거라고 무조건 낙관적으로만 생각했던 병사는 희망이 무너지는 것이 반복되면서 결국 절망감을 이기지 못하고 죽은 경우가 많았다. 반면에 상당 기간 고향에 가기는 힘든 게 현실이라고 생각한 현실주의자들은 스스로를 안정시키면서 오랜 수용소 포로 생활을 이겨냈고, 결국 살아남아 고향 땅을 밟은 경우가 많았다. 따라서 근거 없는 낙관주의보다는 냉철한 비관주의자 또는 현실주의자가 더 강할 수 있다.

긴 불황으로 사업이 제대로 진행이 안 되어서 어려움에 처해 있다면? 희망을 잃지 않으면서, 동시에 현실을 냉철하게 직시하는 현실적 비관주의자 또는 비판주의자가 되어야 한다. 막연한 낙관은 더 깊은 늪 속으로 빠지게 만든다.

그러면 사업에서 어떻게 현실적인 사람이 될 것인가? 이는 객관적인 기법을 활용하여 내 관점이 아닌 상대방 관점으로 접근해야 한다. 다음에 이 부분을 중점적으로 알아보자.

제 3 장

상대가 쉽게 이해하는 프레임으로 만들어라

사업 환경은
PEST로 분석하라

경영 환경에 영향을 미치는 요소가 있다. 일례로 석유 가격이 상승하면 직접적으로 물류비용이 증가하지만 각종 원자재 가격도 오른다. 따라서 경영 활동에 큰 영향을 준다.

이와 같은 요소들은 매우 많다. 그러나 어떤 요소들이 있는지 그리고 나에게는 어떤 요소가 중요한지 찾아내기는 쉽지 않다. 이것을 쉽게 찾을 수 있는 기법이 PEST이다.

P는 Political로, 정치·법규와 관련된 요소이다. 정치제도, 선거, 법률, 규제, 무역자유화 등이다. 예를 들어 선거가 있으면 사업에 어떤 식으로든 영향을 미칠 것이다.

E는 Economical로, 거시경제와 관련된 요소이다. 경제성장률, 인플레이션, 경기침체, 이자율, 환율, 에너지 가격 등이다. 앞서 언급한 대로 석유 가격이 오르면 사업 환경에 엄청난 영향을 준다.

S는 Social로, 사회·문화 측면이다. 인구증가율, 라이프 스타일, 환경 마인드, 가치관 등이다. 일례로 최근 노년층의 급격한 증가는 국민의 라이프 스타일에 적지 않은 영향을 미칠 것이다.

T는 Technological로, 기술 측면이다. 정보기술, 신제품 혁신, 융합기술 등이다.

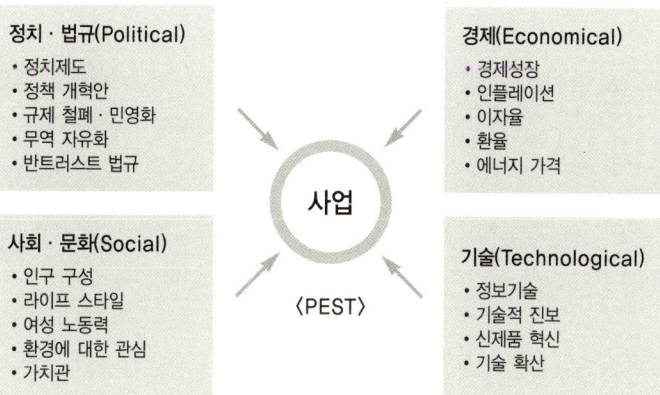

PEST 분석 시 유의할 점은 자사에 중요한 영향요인을 가급적 5개 이내로 압축하여 선정하는 것이다. 이것은 20:80 법칙처럼 사업에 크게 영향을 미치는 요소들을 우선순위로 평가하여 선정하고 5개 핵심 요소에 대해서 대책을 강구한다.

택배사업의 PEST 분석사례(예)			
사업환경 변화	사업에 미치는 영향	영향 크기	기회/위험
IT 기술의 발달(인터넷/무선통신)	사업 전 프로세스에 정보화가 밑받침되지 않으면 경쟁에서 도태		위험
물류산업 발전법(가칭)의 제정	• 종합물류기업으로의 성장기회(운송, 창고, 정보관리 등 Total 서비스기업 지향)		기회
	• 정부정책에 의해 참여가 제한될 경우 경쟁에 타격		위험
정부의 우수 택배사 지원체제 강화	경쟁사의 전략자유도 증대로 우정택배사업의 성장 저하 가능성 증대		위험
저성장에 의한 맞벌이 부부의 증가	경쟁을 위한 취급점의 확보 필요		위험
교통체증의 증가	수송차량에 대한 투자 비용 증가		위험
화물수송차 배기가스 규제 강화	저공해 차량에 대한 투자 비용 증가		위험
주5일제 근무	인건비 증가로 가격경쟁력 및 수지 악화		위험

적정 수요를 추정하는 페르미 사고

사업계획서를 작성하면서 매력적인 사업으로 보이기 위하여 시장 규모를 허황되게 작성하는 경우가 많다. 적정한 시장 규모 추정은 계획서의 신뢰성을 확보함과 동시에 사업의 성공 가능성도 높인다.

그럼 어떻게 시장 규모를 적정하게 추정할 것인가.

TV 프로그램 '무한도전'에 이런 내용이 나온 적 있다. 정준하와 다른 멤버가 게임을 한다. 초밥 집에 20명이 가서 초밥을 먹고 정준하가 음식값을 맞추면 나머지 멤버가 음식값을 내고 못 맞추면 정준하가 내는 것이다. 오차 범위는 ±5%였다.

식사를 마치고 정준하가 음식값을 맞출 시간이다. 유재석이 다른 멤버에게 대략 어느 정도 가격이 나올지 물어본다. 정형돈이 말한다. 160만 원, 박명수는 180만 원, 누구는 200만 원이라고 말한다. 평균 180만 원이라고 유재석이 정리한다. 정준하는 잠시 고민하다 말한다. 90만 원. 다른 멤버들은 평균이 180만 원인데 그것의 반이 말이 되냐면서 정준하를 조롱한다. 이윽고 음식점 주인이 계산기로 계산한다. 결과는 약 87만 원. 정준하가 오차범위에서 음식값을 맞췄다.

필자는 정준하의 뛰어남에 감탄했다. 다른 멤버는 대충 180만 원이라고 했는데 정준하는 정답에 근접하게 말했다. 다른 멤버가 어떻게 정확히 맞추었냐고 묻자 정준하가 방법을 이야기한다.

(정준하 프레임)

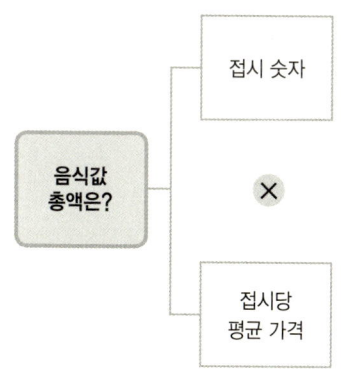

정준하는 음식값을 추정하기 위해 먹은 접시 수에 접시당 평균 가격을 곱하였다. 이 부분이 뛰어나다. 프레임을 만든 것이다. 나머지 멤버는 대충 값을 말했으나 정준하는 추정 프레임을 만들었다.

접시 수 추정은 사람 수에 사람당 먹은 수를 곱하면 된다. 총 인원은 20명이고 1인당 평균 10접시를 먹었다. 따라서 먹은 접시 수는 200개가 된다. 접시당 평균 가격은 메뉴판에 있는 최고가격과 최저가격으로 구했다. 4,500원이다. 접시 수 200개에 접시당 평균 가격 4,500원을 곱하면 90만 원이다. 이것이 프레임을 이용한 추정 사고 능력이다.

(정준하 프레임 전개)

정준하가 제시한 프레임만 있는 것은 아니다. 이러한 추정도 가능하다. 사람 수에 1인당 평균 비용을 곱한다. 사람은 20명이고 1인당 평균 비용은 경험치로 봐서 약 만 원이다. 계산 결과 80만 원이 나온다.

당신은 이러한 상황에서 어떤 프레임을 만들 수 있는가? 정형돈이나 박명수 같이 정답에서 먼 숫자를 대충 말할 것인가? 아니면 정준하처럼 나름대로의 프레임을 만들 것인가.

(다른 프레임)

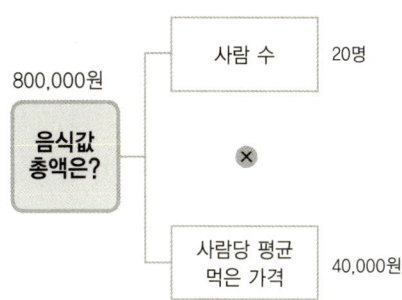

정준하는 매우 뛰어났다. 그는 무한상사 수석 입사자였다. 감나무에서 떨어져서 멍청이(?)가 되었다고 한다. 그러나 가격을 추정할 때는 잠시 예전의 정준하로 돌아간 것 같았다.

정준하가 사용했던 방식이 바로 '페르미 추정'이다.

페르미 추정이란 무엇인가?

빠르게 변화하고 엄청난 정보가 생산되는 현대사회에서 오랫동안 정보를 분석할 시간은 사실상 없다. 비록 그런 시간이 주어진다고 해도 경쟁자는 기다려주지 않을 것이다.

페르미 추정은 결과의 정확성보다는 올바른 사고방식으로 해답을 도출하는 과정에 대한 능력을 향상시킨다.

페르미 추정은 노벨상 수상자인 페르미Permi 1901~1954가 한 번에 파악하기 힘든 수량에 대해서 '추정 논법'을 사용하여 단시간 내에 대략적인 어림수를 산출할 때 사용했던 방식이다. 그가 가르친 제자 중에서 노벨상 수상자가 많이 나왔는데 페르미가 학생들을 가르칠 때 사고 훈련법으로 많이 활용했다.

페르미는 '시카고의 피아노 조율사는 몇 명일까?'와 같은 추정 문제를 자주 냈다. 그래서 이것을 페르미 추정 문제라고 한다.

그럼 시카고의 피아노 조율사가 몇 명인지 추정해 보자.

이 문제를 빠르게 풀기 위해서는 문제에 대한 접근 방식을 선정해야 한다. 즉, 연간 필요한 피아노 조율 '수요'와 피아노 조율사가 연간 일할 수 있는 횟수 측면에서의 '공급'이라는 관점에서 접근할 수 있다.

연간 피아노 조율 횟수는 '피아노 수 × 피아노당 연간 조율 횟수'이다.

이와 같이 체계적으로 인수 분해해 나간다.

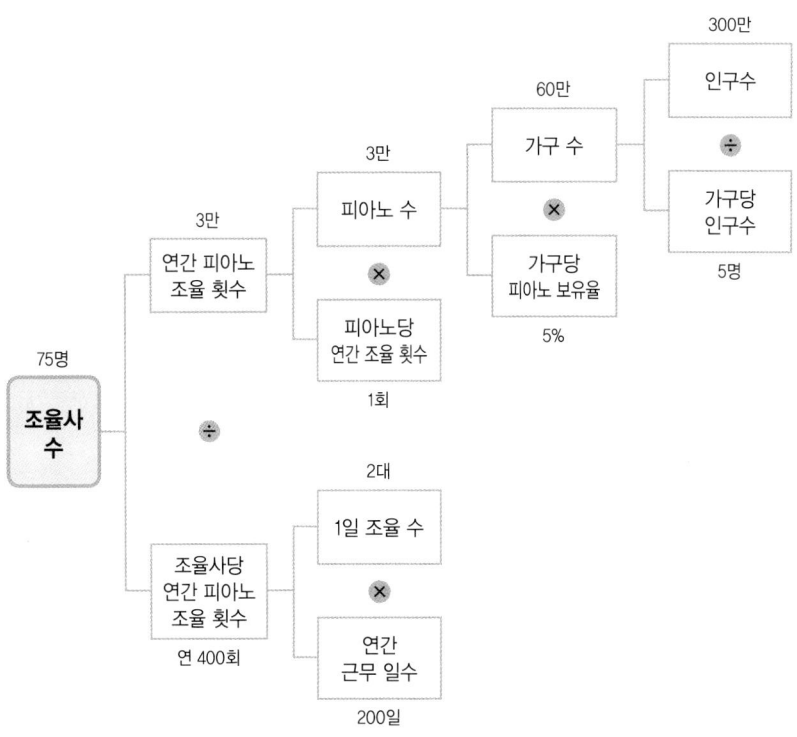

생각하는 힘의 토대가 되는 지적 능력은 진정한 의미에서의 창조적·논리적 사고로 '지두력'이라고도 한다. 일상생활뿐 아니라 비즈니스 세계, 기업이나 교육현장 등 다양한 분야에서 지식에 의존하지 않고 문제를 해결하는 능력이라고 할 수 있다.

최종 결과를 산출하는데 실마리가 되는 어림값을 얻기 위한 것으로 꾸준한 연습이 필요하다.

만일 당신이 고속도로 휴게소에서 어떤 사업을 하고 싶다면 고속도로 휴게소가 몇 개인지 궁금할 것이다. 우리나라 고속도로 휴게소는 모두 몇 개인지 추정해 보자.

이 질문에서 알고 싶은 데이터는 무엇일까? 당신에게 한 개의 데이터를 준다면 어떤 데이터를 가지고 싶은가.

아마도 우리나라 고속도로 총 길이를 알고 싶을 것이다. 우리나라 고속도로 총 길이는 4,000km이다. 또 하나 알려준다면 어떤 데이터를 알고 싶은가? 고속도로에서 휴게소 간 간격이 얼마인지 궁금할 것이다. 이것은 당신의 경험치를 넣으면 된다.

그럼 왜 고속도로 총 길이와 휴게소 간 간격을 알고 싶을까? 고속도로 총 길이에서 간격을 나누면 휴게소 개수를 추정할 수 있기 때문이다.

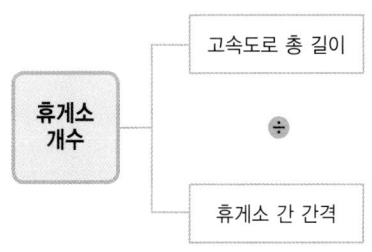

고속도로 휴게소는 수도권 지역처럼 차량이 많은 곳과 호남 지역처럼 차량이 적은 곳이 있다. 차량이 많은 곳은 당연히 고속도로 휴게소가 촘촘히 있을 것이고 차량이 적은 곳은 덜 촘촘할 것이다.

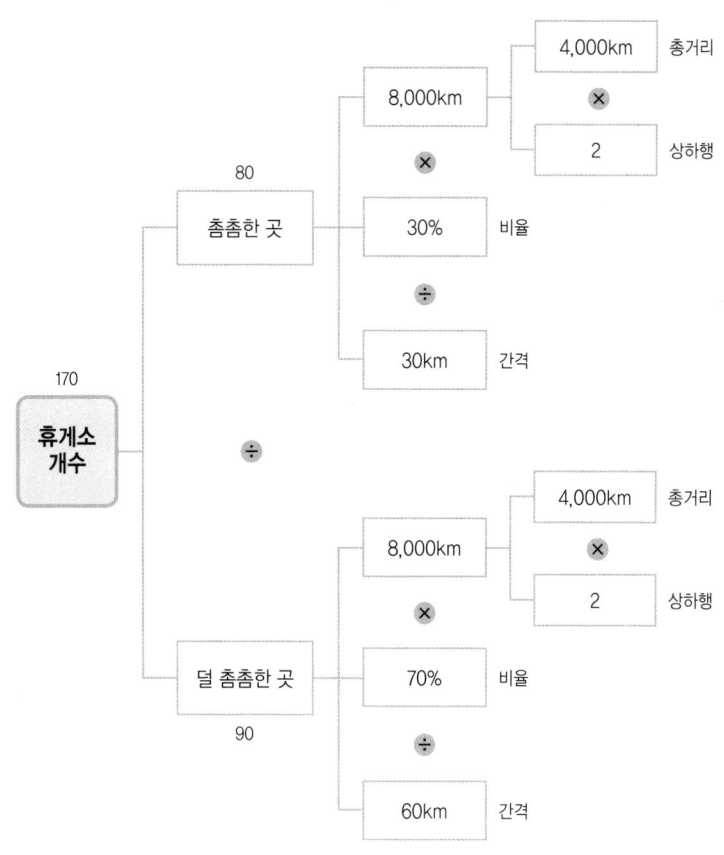

이 두 지역의 휴게소 수를 더하면 된다. 촘촘한 곳은 총 길이에서 비율을 곱하고 간격으로 나눈다. 덜 촘촘한 곳도 총 길이에서 비율을 곱하고 간격으로 나눈다. 총 길이는 4,000km에 곱하기 2를 해야 한다. 왜냐하면 고속도로 휴게소는 상하행 양쪽으로 있기 때문이다. 이러한 공식으로 추정한 우리나라 고속도로 휴게소 수는 약 170개이다.

SBS 스페셜에서 방영된 '인재전쟁'에서도 이 페르미 추정 사고를 다루었다.

외국계 대표 컨설턴트가 질문한다. 추정 문제는 이렇다.

'30층 빌딩의 엘리베이터가 있다. 당신이 엘리베이터를 타기 위해서 대기해야 하는 시간은 얼마나 될까?'

한 남자가 컨설턴트와 대화하면서 이 문제를 풀기 위해 노력하는 장면이 나온다. 남자가 말한다. 베스트 사례는 엘리베이터 앞에 도착하자마자 문이 열리면서 엘리베이터를 타는 것이다. 이때 대기시간이 '0초'이다. 가장 나쁜 사례는 도착하는 순간 엘리베이터 문이 닫히면서 엘리베이터가 떠나는 것이다. 이 둘의 평균을 내면 된다고 대답한다.

대기시간을 추정해야 한다. 대기시간은 엘리베이터가 이동하는 시간과 엘리베이터가 층에서 서 있는 시간을 추정하여 합하면 된다.

한 남자는 말로 추정 문제를 푼다. 1층당 이동하는 시간은 1초라고 해도 좋고 2초라고 해도 좋다. 여기서는 1초라고 가정하자고 컨설턴트가 말한다. 30층이므로 29층을 왕복하여 58초라고 추정한다. 다음은 엘리베이터가 서 있는 시간을 추정해야 한다. 총 6번 섰다고 가정하자. 물론 10번일 수도 있고 20번일 수도 있다. 남자는 6번 섰다고 가정하고, 한 번 설 때 10초가 소요된다고 가정한다. 따라서 추정 시간은 60초이다.

이것을 그림으로 표현하면 다음과 같다.

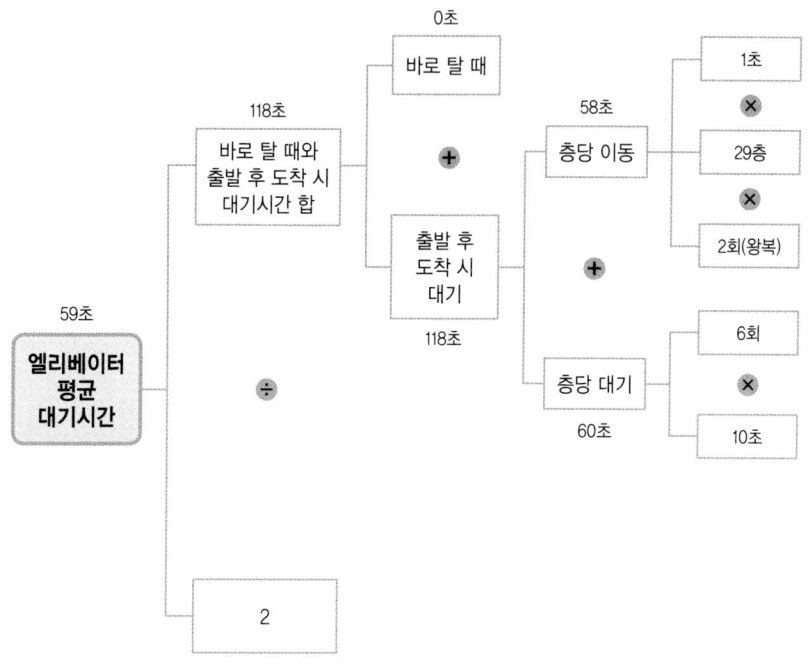

　바로 탈 때와 엘리베이터가 출발 후 도착할 때의 합은 118초이고 이의 평균은 59초이다. 물론 층간 이동시간 1초, 층간 정지 건수 6회, 층간 대기시간 10초 대신에 당신이 다른 수치를 넣으면 답이 달라진다. 컨설턴트는 '이 문제의 본질은 최종적인 답의 정확성이 아니라 논리적이고 체계적인 프레임을 만들 수 있는지 보는 것이다'라고 말했다.

　따라서 페르미 추정 사고는 정확한 수요 산출뿐 아니라 사업을 하면서 불확실한 상황에서 창의적이고 논리적으로 문제를 풀어나가는 힘을 향상시킨다.

BUSINESS

페르미 추정
비즈니스 사례

여름철 해운대의 피서객 수는 몇 명일까?

해운대 1m²당 사람 수에 해운대 총 면적을 곱하면 된다. 1㎡당 사람 수는 평상시 사람 수에서 혼잡률을 곱한다. 해운대 면적은 백사장 크기를 고려한다. 해운대 백사장은 길이에 폭을 곱하여 구한다. 추정한 결과 약 72만 명이다.

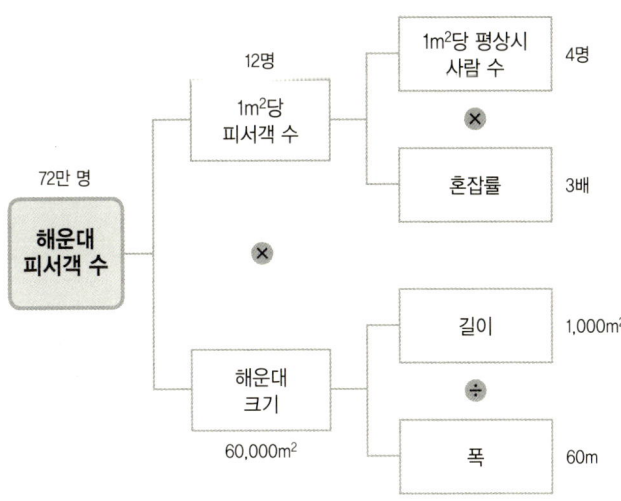

적정한 프로야구 팀 수를 구하기 위해서는 연간 총 매출 규모에서 1개 야구팀당 매출 규모를 나누면 된다. 연간 총 매출 규모는 티켓 판매 더하기 기타 수입이다. 티켓 판매는 선호 인구 곱하기 1년에 가는 횟수 곱하기 입장료를 감안한다. 1개 야구팀당 매출액은 상징적인 순이익을 1억이라 보고 이익률을 감안하면 매출액이 나온다.

추정 결과 9개팀이 적정한 것으로 나온다. 현재는 10개팀이다.

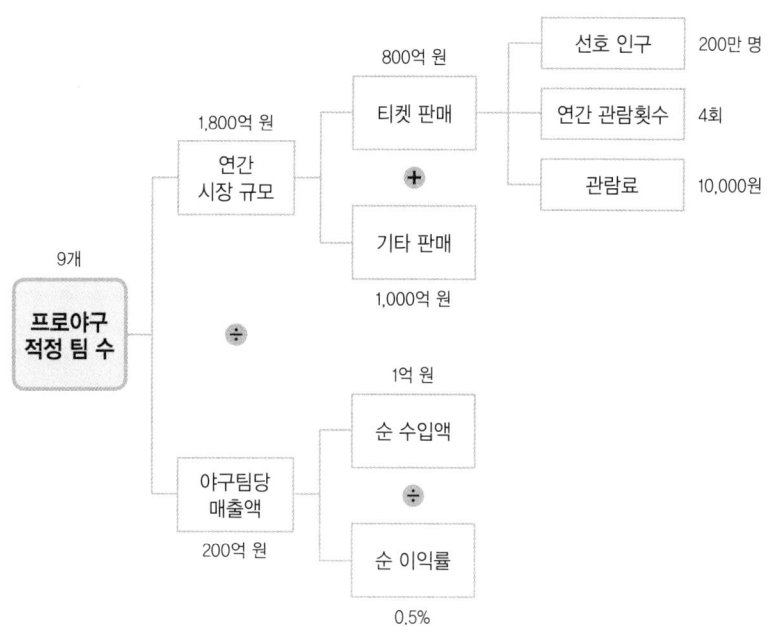

중고등학교의 체육교사 수를 알려면 총 중고등학생 수를 구하고 이것을 체육교사 1명당 담당하는 학생 수로 나누면 된다. 총 학생 수는 총 가구수에서 가구당 학생 수를 고려한다. 체육교사 1명당 담당 학생 수는 중고등학교 총 학생 수에서 총 체육교사 수로 나누면 된다.

추정 결과 체육교사 수는 약 35,700명이다.

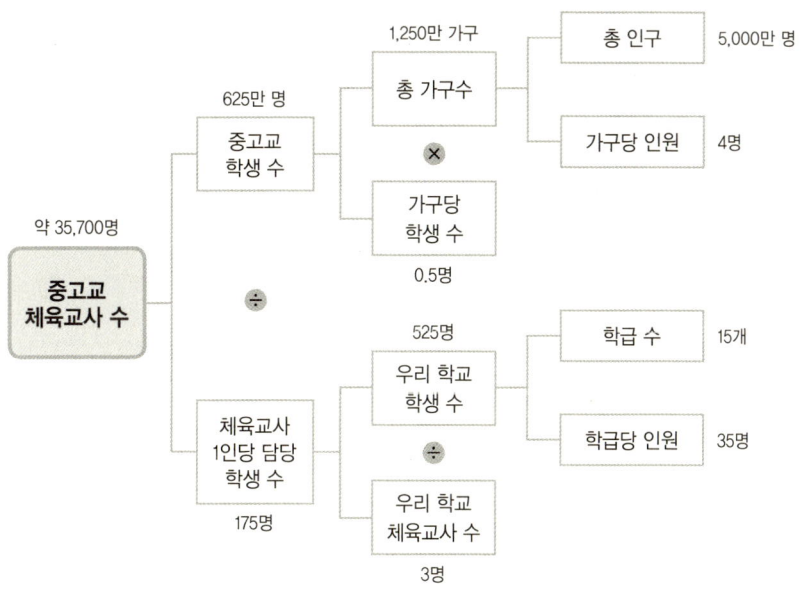

다음은 실제 직장인이나 대학생이 실습한 내용이다.

가정을 상대로 한 월간 치킨 시장 규모는 치킨 총 구매 개수에 치킨 가격을 곱하면 된다. 치킨 총 구매 개수는 실 구매 가구수 곱하기 월 구매 횟수이고 실 구매 가구수는 전체 가구수에서 실 구매 가구수 비율을 곱하면 된다. 치킨 평균 가격은 유형별 가격과 판매 비중을 감안하여 추정한다. 그 결과 추정한 시장 규모는 월간 약 2,200억 원이다.

현재 치킨 시장 규모는 연간 2~5조 원으로 추정하고 있다. 어떤 시장을 범위로 잡느냐에 따라서 차이가 나는 것이다.

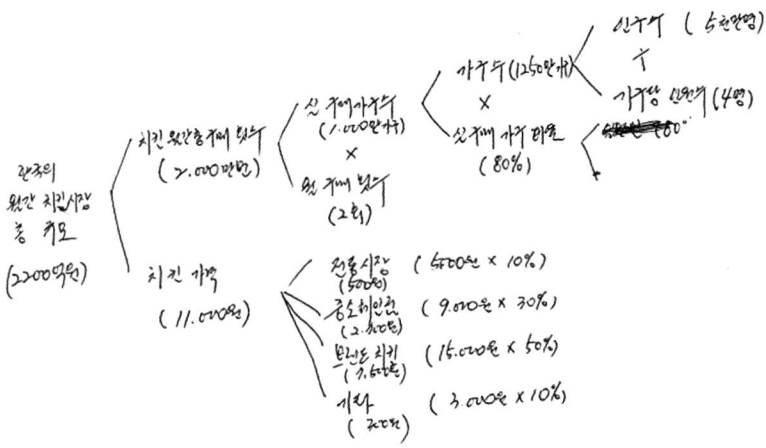

애견 미용사 수를 알려면 애견들의 연간 미용 총 횟수를 구하고 미용사당 연간 미용 횟수로 나누면 된다. 즉, 수요 나누기 1인당 공급 횟수이다. 연간 총 횟수는 애견 수에 애견 1마리당 연간 미용 횟수를 곱한다.

총 애견 수는 가구수에서 가구당 애견 보유율을 곱한다. 미용사당 연간 미용 횟수는 하루 미용 횟수 곱하기 일하는 날짜로 구하고, 하루 미용 횟수는 근무시간에서 1마리당 미용 시간으로 나눈다.

추정 결과는 약 1,300명 정도이다.

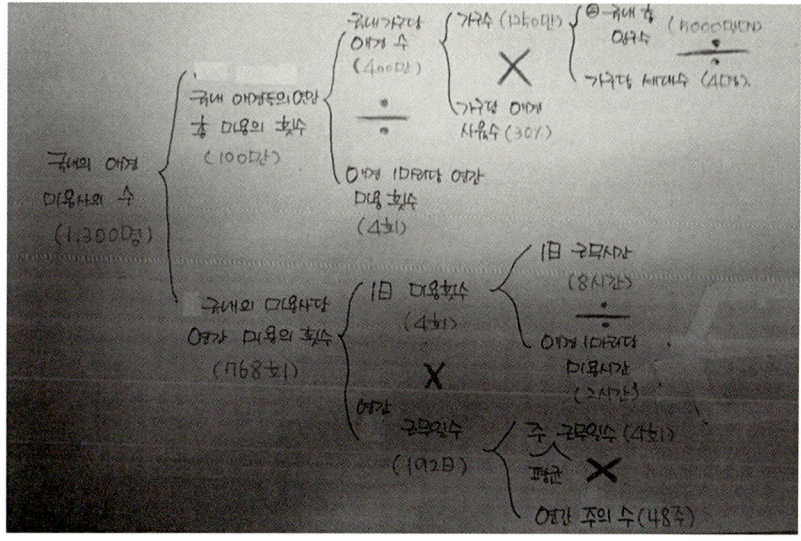

대전의 적정한 PC방 개수는?

대전시 인구의 PC방 하루 총 사용시간을 구하고 그것을 PC방별로 총 PC 사용 가능 시간으로 나눈다. 대전시 총 사용시간은 1인당 하루 평균 사용시간에 PC방 이용 인구를 곱한다. PC방별로 총 PC 사용 가능 시간은 평균 자리 수에 하루 이용시간을 곱하면 된다.

추정 결과 대전시 적정 PC방 수는 248개이다. 실제 대전의 PC방은 몇 개일까? 전국의 PC방 수는 3만 개 정도라고 한다. 그럼 대전에 약 900개 정도가 있다는 계산이 나온다. 적정수의 약 3배 이상이다. 당연히 폐업하는 PC방이 늘어날 수밖에 없다.

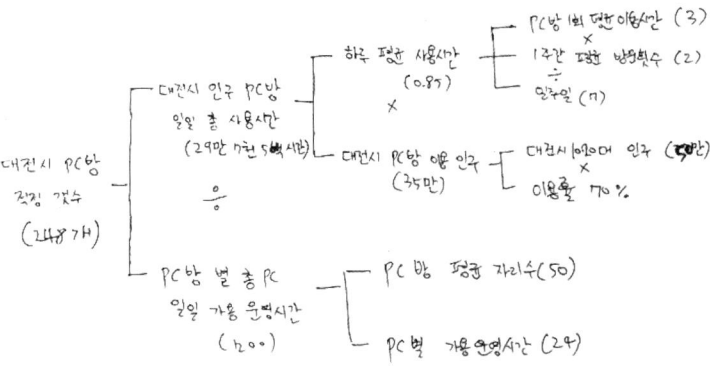

주유소 수를 알기 위해서는 주유소 총 매출에서 주유소당 적정 매출로 나눈다. 주유소 총 매출은 자동차 수에서 1치당 일긴 주유 금액을 곱한다. 주유소당 적정 매출액은 수익에서 이익률을 감안한다. 그 결과 추정된 주유소 숫자는 약 1,130개이다.

전국에 주유소가 약 1만 개 있다고 한다. 서울에 최소 20%가 있다고 해도 2,000개이다. 30%가 있다면 3,000개이다. 적정 주유소는 1,000여 개인데 현재 포화 상태이다.

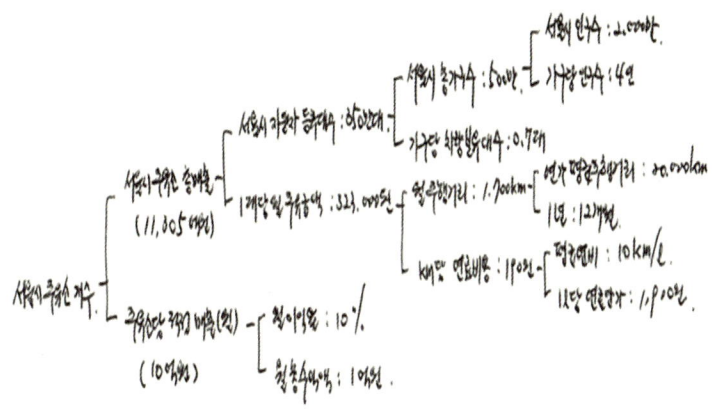

BUSINESS
철저하게 고객을 세그멘테이션하라

자동차 딜러들의 경쟁과 성공을 그린 KBS 드라마 '열혈 장사꾼'의 한 장면을 보자.

서울경찰청에서 경찰차를 공개 입찰한다. 주인공 하류는 하루 종일 차에서 생활하는 일선 경찰을 이번 프로젝트의 고객이라고 생각한다. 그래서 경찰들의 의견을 반영하여 '세미 5'라는 차를 선택한다. 그리고 입찰 프레젠테이션에서 600여 명의 일선 경찰들의 의견을 반영했다고 강조하며 중형차를 제시한다.

이에 반해 경쟁사는 고객을 시민으로 보았다. 시민은 경찰이 가까이 있을 때 안심하게 된다. 작은 차가 골목골목 누빈다면 시민은 범죄에 대한 두려움이 없어질 것이다. 외국의 사례에서도 고가, 고성능 차가 경찰차로 있을 때보다 작은 차가 시민과 가까이 있을 때 오히려 범죄율이 줄어들었다. 친근하게 다가가면 시민이 좋아한다. 따라서 1,000cc 경차인 '크림'을 제시한다.

입찰 결과는 어떻게 나왔을까? 주인공이 제시한 중형차는 떨어지고 경쟁사가 제시한 경차 '크림'이 선정되었다.

왜 그런 결과가 나왔을까? 주인공은 고객을 경찰로 보았고, 경쟁사는 고객을 시민으로 보았기 때문이다. 그래서 의견 수렴이나 입찰 상품이

〈고객 세그멘테이션 기준과 구체적 항목〉

구 분	기 준	구체적 기준 항목
지리적 요인	지역별	수도권, 충청, 호남, 영남, 기타
	도시 규모별	10만 명 미만, 20만 명 미만, 기타
	인구밀도별	도시, 교외, 지방, 기타
	주거 형태별	주택지, 아파트, 공장지역, 상업지역, 기타
인구적 요인	연령별	5세 미만, 5세 이상~10세 미만, 10세 이상 등
	성별	남성, 여성
	소득별	월수 200만 원 이상, 300만 원 이상 등
	직업별	농업, 어업, 사무직, 전문직, 기타
	교육 수준별	중, 고, 대졸
심리행태적 요인	개성별	사교형, 권위형, 야심형, 낭만형
행동적 요인	고객 요구별	품질, 서비스, 가격, 속도
	사용 여부별	비사용자, 전사용자, 잠재적 사용자, 초회사용자, 정규사용자
	사용량	소량 사용자, 중량 사용자, 대량 사용자
	브랜드 충성도	무, 중간, 강, 절대적

달랐던 것이다. 전략을 추진할 때 가장 중요한 것은 내 고객이 누구인가 하는 점이다.

고객 세그멘테이션Segmentation이란 기업이 제품이나 서비스를 판매하고자 하는 목표 고객을 선정하기 위하여 전체 고객을 일정한 기준을 세워 소집단으로 분류하는 것이다.

고객을 세그멘테이션할 때 3가지 원칙이 있다.

첫째, 고객이나 시장이 접근 가능성이 있어야 한다. 예로 북한을 세분화에 포함시키면 제품을 판매할 방법이 없다.

둘째, 어느 정도 규모가 되어야 한다. 시장이나 고객은 존재하지만 크기가 너무 작으면 사업 효과가 미미할 가능성이 높다.
셋째, 시장이나 고객이 지속성이 있어야 한다. 갑자기 붐이 일어서 새로운 시장이 형성되었지만 1년 후에 없어지는 시장이라면 의미가 없다.

세그멘테이션의 이점은 고객에 대한 이해력이 높아지는 것이며 기업은 고객이 부응할 수 있는 서비스의 생산·판매가 가능한 것이다.

또한 기업은 자원을 낭비하지 않고 효율적으로 배분할 수 있다. 그리고 전체 고객을 대상으로 하지 않고 목표 고객을 대상으로 하기 때문에 시장의 변화 추이를 세밀하게 관찰하여 대응할 수 있다.

〈고객 세그멘테이션 사례〉

분할 형태	사례
인구	립스틱 제조업체는 시장 분할 요소로 성(여성)에 의거 시장을 분할
심리도	다이어트 식품 제조업체는 체중을 줄이고자 하는 개별 고객에 의거 시장 분할
제품 및 서비스	통신회사의 시장 분할은 월별 전화 사용료에 의거 시장을 분할
지리적 여건	선탠 로션 유통업체는 날씨에 의거 시장 분할

핵심 이슈를 체계적으로 추출하는 로직트리

Logic Tree란 주요 이슈를 MECE Mutually Exclusive Collectively Exhaustive 중복 없이 누락없이)라는 논리적 사고방식에 기초해서 상위 개념을 하위 개념으로 분해하는 Skill을 말한다. 보통 이렇게 하부 단위로 전개하는 방법을 Break down 또는 Drill down이라고도 한다.

이처럼 사고를 큰 개념에서 작은 하부 단위로 분해하는 이유는 무엇인가.

먹는 것을 예로 설명해 보자. 음식을 먹을 때 먼저 입에서 음식물을 잘게 쪼개는 과정을 거친다. 식도가 협소하기 때문에 음식물을 잘게 잘라 식도를 통과하기 위해서다. 즉, 음식물을 섭취할 때 식도에서 컨트롤할 수 있는 크기로 음식물을 줄이는 과정이 필요하다.

비즈니스에서의 업무도 마찬가지이다.

일반적으로 문제나 과제는 덩어리가 크고 서로 뒤엉켜 있어서 그 자체로는 문제를 풀기 어렵다. 가급적 개별 업무나 작은 크기로 쪼개 놓아야 해결해 나갈 수 있다. 일단 개별 업무로 분해되면 내가 할 것인지 다른 사람이 할 것인지 판단해 역할 분담도 가능하다. 또한, 이 일을 지금 할 것인지 나중에 할 것인지도 판단할 수 있다. 즉, 실행의 우선순위도 정할 수 있다.

이렇듯 업무의 세분화는 중요한데 Logic Tree를 이용해 논리적이고 체계적으로 Break down 또는 Drill down할 수 있다.

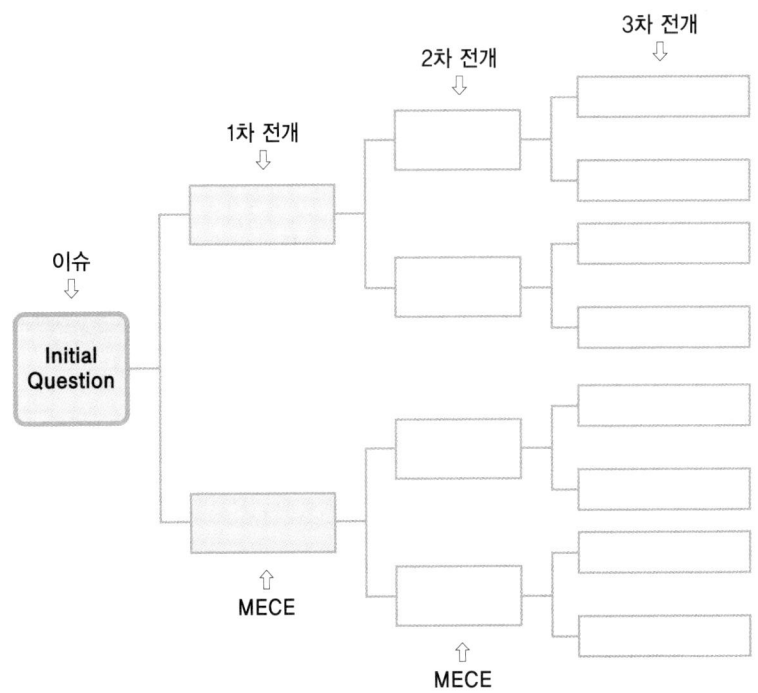

어떻게 하면 MECE적으로 분해할 수 있을까?

첫 번째는 반대되는 개념으로 양분한다. 위의 반대는 아래다. 오른쪽의 반대는 왼쪽이다. 남자의 반대 개념은 여자이다. 이와 같이 반대 개념이 있다. 그렇게 양분하여 나누면 MECE가 된다.

내부가 있으면 외부도 있다. 장점이 있으면 단점도 있다. 증가하는 요인이 있으면 상대적으로 감소하는 요인도 있다.

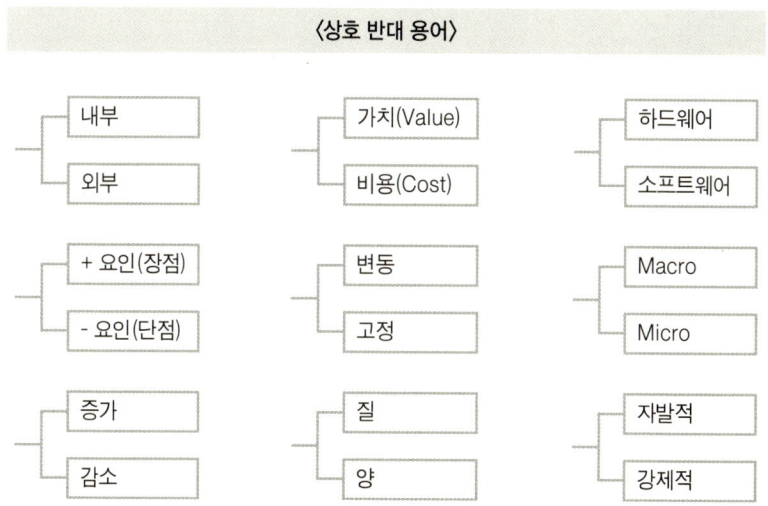

가치의 반대 개념이 왜 비용일까? 당신이 백화점에 가서 옷을 산다고 생각하자. 쭉 둘러보는데 저쪽에 걸려 있는 옷이 마음에 든다. 그러면 당신이 알고 싶은 것이 뭘까? 아마도 가격일 것이다. 왜 그럴까? 그 옷에서 가치를 느꼈기 때문이다. 즉 당신이 얻는 것이다. 그러면 그에 상응하는 비용을 지급해야 한다. 가치 대비 가격이 어느 정도인지 확인하고 싶은 것이다. 그래서 가격이나 비용 또는 Cost를 확인하려고 한다. 따라서 가치의 반대는 비용이다.

변동의 반대는 고정이다. 비용 중에는 고정비와 변동비가 있다. 집에서 쓰는 비용에는 항상 일정하게 들어가야 하는 고정비가 있다. 뭐가 있을까? 아파트 관리비, 보험료, 은행이자… 변동비는 무엇일까? 외식비, 옷값, 영화 관람료…. 고정비는 엄마가 통제할 수 있는 부분이 적다. 변동비는 마음먹기에 따라서 줄일 수 있는 비용이다.

질의 반대는 양이고 하드웨어의 반대는 소프트웨어이며, Macro(거시적)

한 측면이 있으면 Micro(미시적)한 측면도 있고, 자발적인 것이 있으면 강제적인 것도 있다.

예를 보자. 아파트를 구입할 때 살펴보아야 할 것을 체크리스트로 만들려고 한다. 아파트 반대 개념으로 아파트 이외의 주위 환경으로 나누고 아파트는 건물과 부속물로, 건물은 전체와 부분으로, 자연환경은 장점과 단점으로, 인적 요소는 편리와 불편으로 나누었다.

두 번째는 구성요소로 나눈다. 도형을 구성하는 요소는 점, 선, 면이다. 손으로 하는 게임에 가위, 바위, 보가 있다. 방향은 동, 서, 남, 북이다. 이와 같이 하나를 구성하는 요소가 있다.

아래의 예를 보자. 포커를 치는 카드는 조커를 빼면 검은색과 빨간색 카드로 구성되어 있다. 검은색 카드는 클로버와 스페이드로 구성되어 있다. 빨간색 카드는 하트와 다이아몬드로 구성되어 있다.

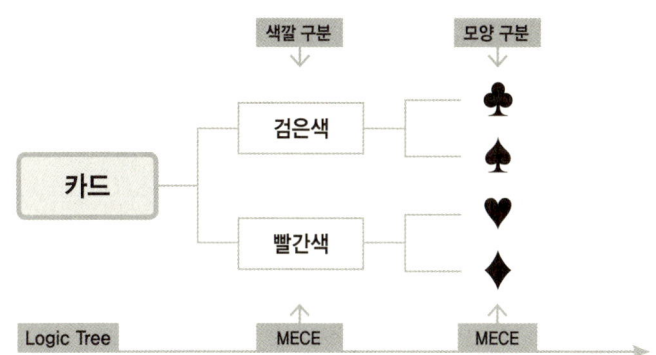

세 번째는 툴을 활용한다. 기업 분석에 주로 쓰는 3C가 있다. Customer(고객), Competitor(경쟁사), Company(자사)이다.

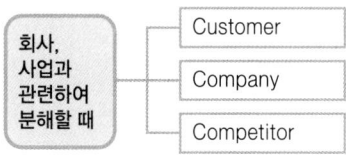

이를 통해서 회사가 진입하려는 시장의 소비자들의 특징은 무엇인지 알 수 있다. 혹은 경쟁사들은 어떤 마케팅 전략을 사용하는지, 무엇이 주력 상품인지도 알 수 있다. 또한 회사가 시장에서 어떤 점이 경쟁업체에 우위에 있는지, 어떤 점이 열세인지도 알 수 있다.

아래 예를 보자. 고객만족도를 조사하면서 고객 동향과 경쟁사 상황 그리고 자사 대응으로 전개해 나갔다.

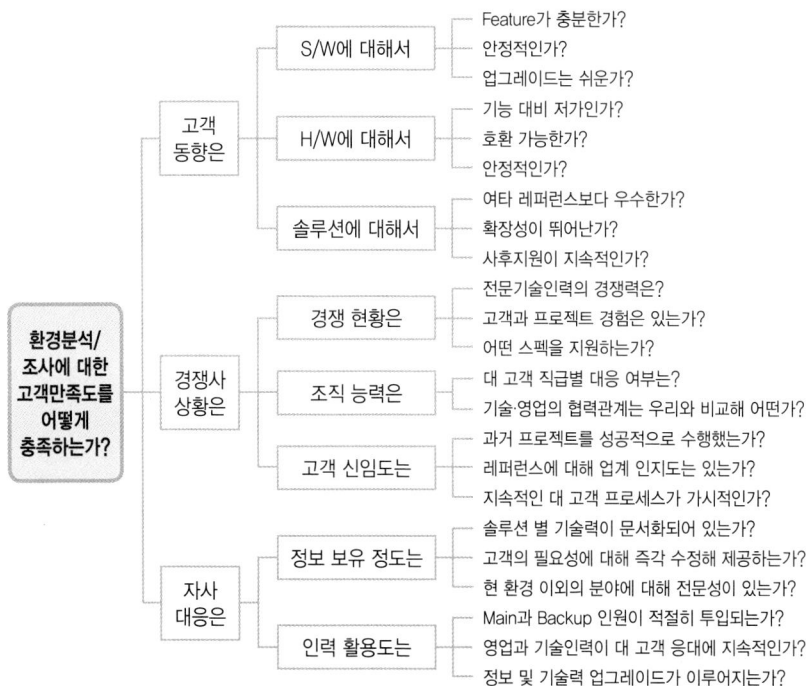

제조의 4M이 있다.

Man(사람), Machine(기계), Material(재료), Method(공법)이다.

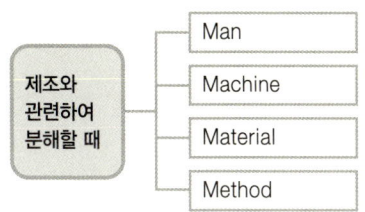

TV 드라마 '제빵왕 김탁구'에 이런 내용이 나온다.

김탁구가 대표 이사가 된다. 그런데 임원들이 김탁구를 신뢰하지 않는다. 한 임원이 청송공장을 흑자 공장으로 만들면 김탁구의 능력을 인정하겠다고 제안한다. 그래서 김탁구는 청송공장으로 가서 공장의 문제점을 찾아 해결해야 한다. 김탁구는 혼자 힘으로는 해결할 수 없으므로 동료에게 도움을 요청한다. 재복이 형에게는 자재와 재료 창고 조사를 부탁한다. 갑수 아저씨에게는 분위기와 민심을 조사해 달라고 한다. 대장에게는 공정과 배합실 설비 등을 부탁한다.

김탁구가 부탁한 내용을 살펴보면 4M 툴을 사용했음을 알 수 있다. 재료, 민심(사람), 공정, 설비 4가지가 나온다.

기상예보가 안 맞는 이유를 살펴보자. 4M으로 나누어 문제의 원인을 찾고 있다.

판매와 마케팅의 4P가 있다.

Product(상품, 제품), Price(가격), Promotion(판매촉진), Place(유통)이나.

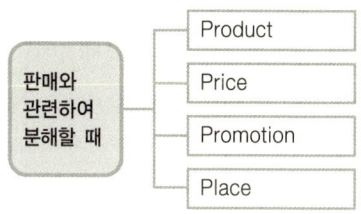

온라인 쇼핑몰의 매출액이 증가하지 않는 이유를 알기 위하여 4P를 사용하여 전개하였다.

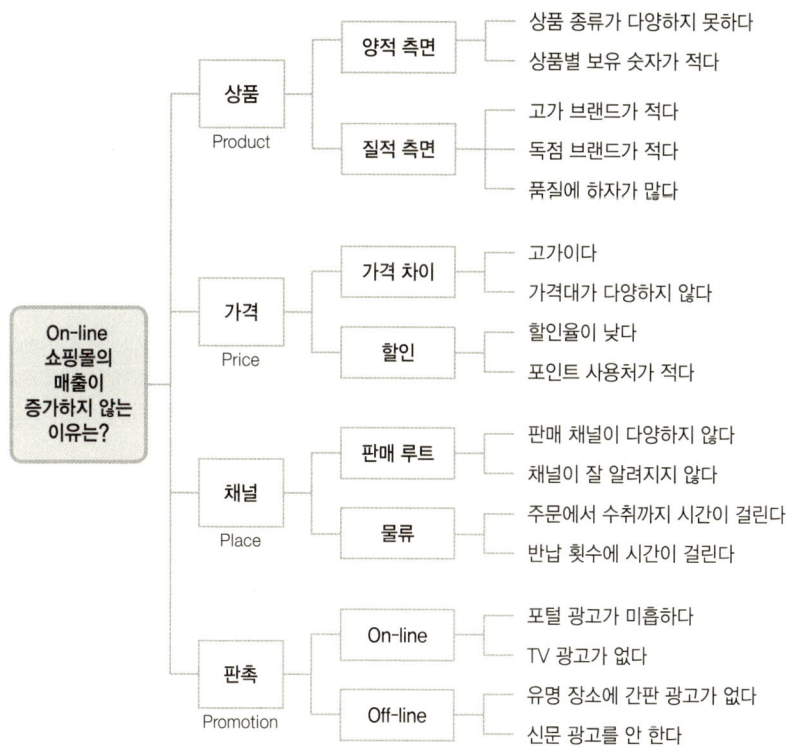

네 번째 방법은 프로세스나 절차로 나눈다. 시간은 과거, 현재, 미래라는 관점에서 나눈다.

일할 때 계획을 세우고(Plan), 실행하고(Do), 관찰 점검하는(See) 프로세스가 있다. 제조 회사는 연구개발, 제조, 판매, 서비스하는 회사 프로세스가 있다. 이러한 프로세스로 나누면 MECE가 된다.

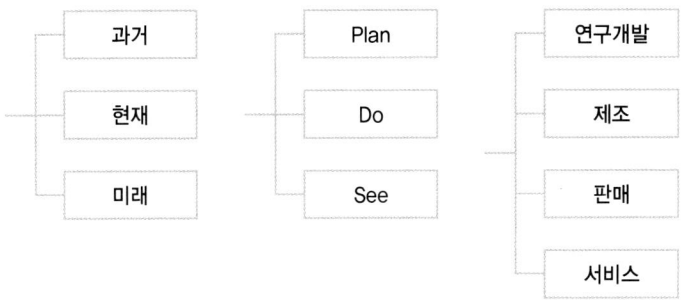

설치된 이후에 추가 작업이 발생하는 원인을 공장 출하 전, 운송 과정, 현장 설치의 프로세스로 전개하였다. 공장 출하 전도 설계, 제작, 포장으로 나누었다.

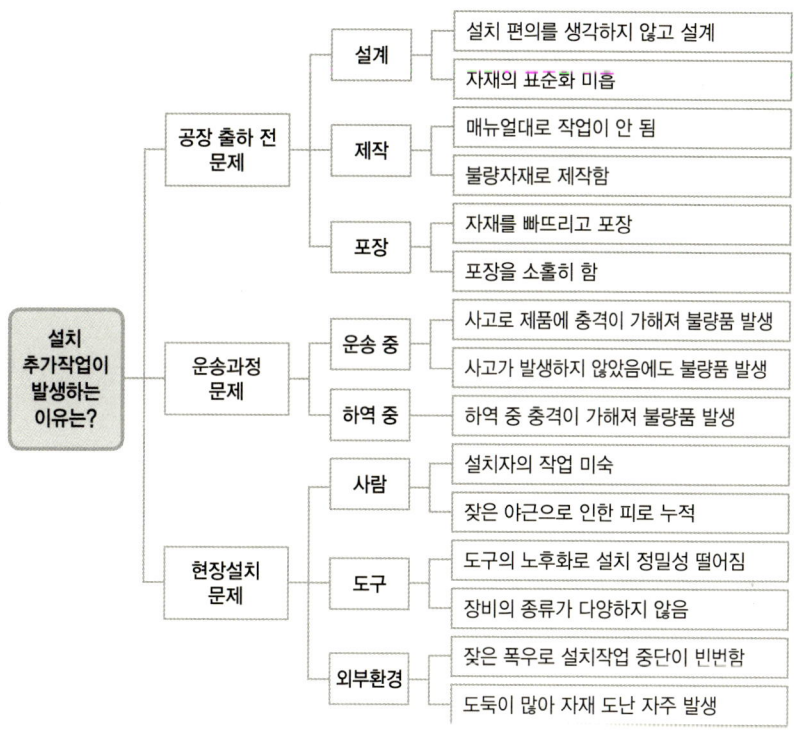

이와 같이 로직트리는 어떤 문제에 대해서 조사·분석해야 할 사항을 중복 없고 누락 없이 체계적으로 분해하여 전개할 수 있다. 로직트리는 맥킨지가 자랑하는 가장 강력한 기법이다.

BUSINESS
로직트리
비즈니스 사례

생산팀장이 가장 신경을 쓰는 생산 비용 절감에 영향을 미치는 요소는 무엇일까?

투입하는 자재에 대한 효율성이 높아야 한다. 또한 생산성도 향상되어야 한다.

2차 전개에서 자재 효율에 영향을 미치는 요소는 눈에 보이는 것과 보이지 않는 것이 있다. 즉, 유형과 무형의 반대 개념을 적용한다.

생산성에 영향을 미치는 것은 제조의 4M으로 전개해 나간다.

사람은 작업자와 관리자로 나누었다.

기계는 사용상의 요소와 보전할 때로 나누어 간다.

방법은 공법과 공정설계로 추가 전개한다.

자재는 작업성과 운반성을 고려한다.

이와 같이 사람, 기계, 방법, 자재로 전개해 나가면 제조의 많은 부분을 검토할 수 있다.

당신은 출판사의 영어사원이다. 애플의 아이패드가 출시된 가운데 전자책의 시장 선점 경쟁이 치열해질 것으로 예상된다. 전자책에 대한 고객만족도 조사가 필요한 시점이다. 그렇지만 설문조사보다는 직접 고객을 만나서 의견을 들어보는 것이 바람직하다고 판단하고 있다.

그래서 인터뷰 항목을 만들어보고자 한다.

Logic Tree로 만들면 반드시 물어보아야 할 중요 항목이 누락되는 실수를 최소화할 수 있다.

먼저 크게 제품과 제품 이외로 나누자.

제품은 다시 하드웨어와 소프트웨어로 나눌 수 있다. 하드웨어는 전체적인 것과 개별적인 것으로 나누자.

소프트웨어는 필수기능과 부가기능으로 분해한다.

제품 이외의 부분은 사전 정보와 구매할 때 그리고 서비스로 전개한다. 프로세스적인 관점이다.

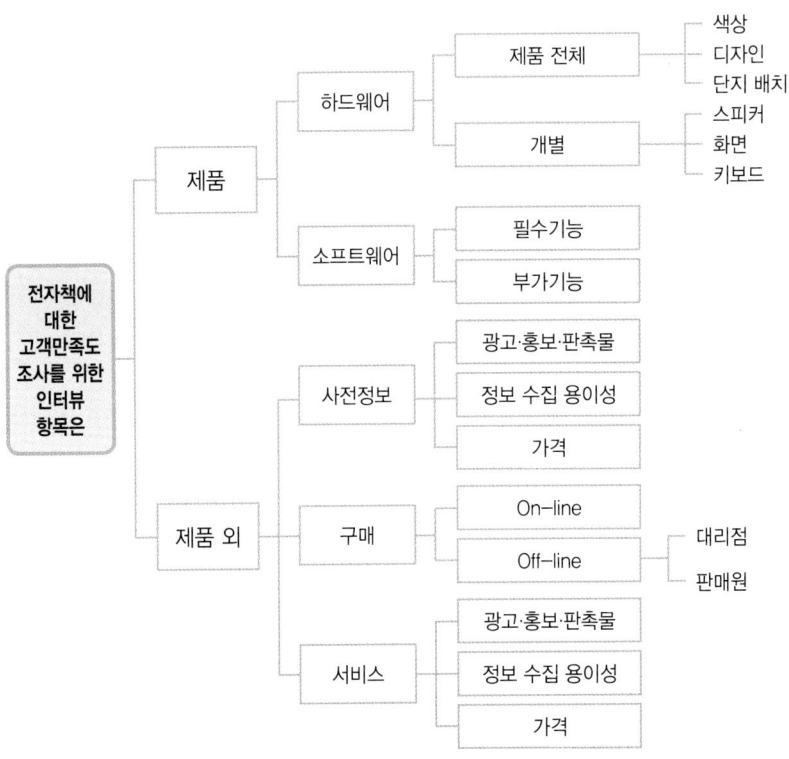

물류비는 기업 비용 중 5% 이상을 점유하는 큰 항목이다. 그런데 많은 기업에서 물류비는 변동성이 크기 때문에 절감하기 어렵나고 한다. 그러나 개선할 여지는 많다. 우선 가치 항목과 관리 항목으로 나눌 수 있다. 가치 항목은 포장, 운송, 하역으로 나눈다. 관리 항목은 보관, 재고 등 실물 관리와 정보 관리로 나눌 수 있다. 나눈 요소별로 다시 세분화하고 최종 세분화 요소에 현재의 잘못된 상태를 기술하면 Logic Tree가 된다.

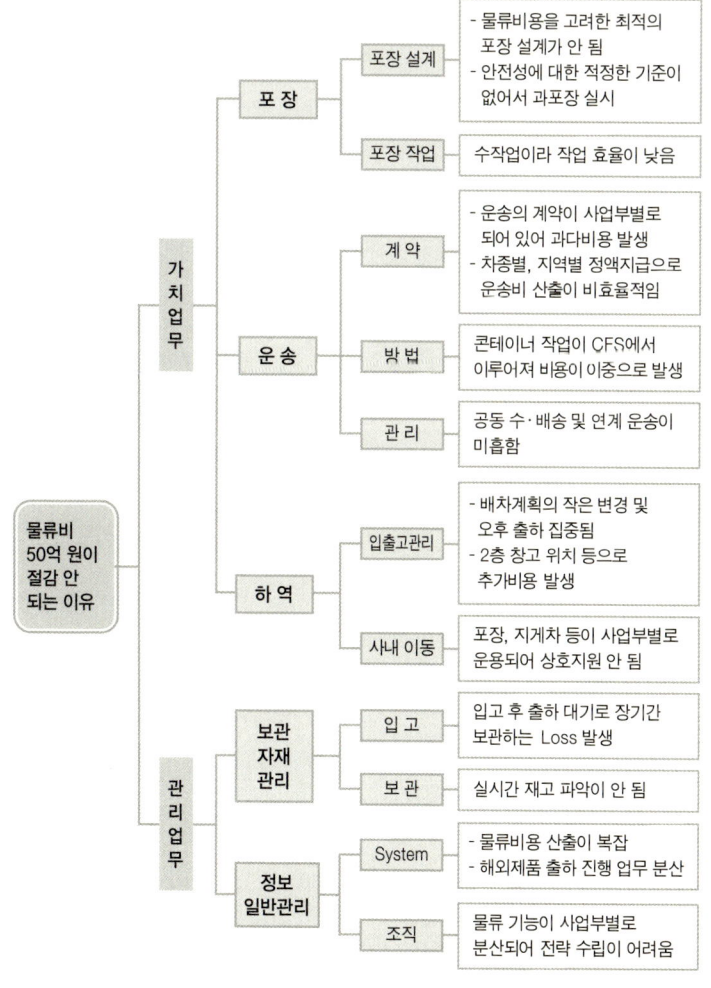

응용제품 개발이 지연되는 경우가 많다. 이럴 경우 담당자나 팀장은 난감하다. 응용제품 개발은 일정 내에 완료되어야 중간은 간다.

왜 응용제품 개발이 지연되는지 분석해 보자.

1차 전개에서는 제조의 4M으로 나눈다. Man(사람), Method(방법), Material(자재, 부품), Machine(설비)의 4가지 요소이다.

사람은 조직 차원과 개인 차원으로 분해한다. 공법이나 기법은 내부 보유사항과 외부 조달사항으로 전개한다. 부품은 핵심 부품과 주변 부품으로 나눈다. 끝으로 설비는 직접 공정 부분과 간접 공정 부분으로 나눈다. 세분화된 내용에서 잘못된 것을 찾아서 우측에 기술한다.

편의점이나 할인점 등 유통회사는 고객을 사로잡기 위하여 어떻게 상품력을 높일 것인지 알아보자.

잘 사고 잘 팔아야 한다. 단순하게 판매 기술만 있어서는 안 된다. 구매 기술은 좋은 상품을 적정가격에 사는 능력이다. 이를 위해서 상품 정보를 수집하고, 상품을 규격화하고, 협상 능력을 높여야 한다. 구매선 확보에 있어서는 공산품 우량 벤더Vender, 농수산품 산지 벤더, 수입선 등이 필요하다.

판매 기술은 직접적인 점포 판매 강화와 운영 기술 지원이 있다. 직접적인 것은 설명 능력, 매장 관리, 상품 지식 교육이 있다. 지원적인 것은 수·발주 시스템, 보관 기능, 목표 관리 등이 있다.

히트 디자인을 창출하고 고객만족도를 높이기 위해서는 고객 동향을 예의 주시해야 하고 경쟁사 상황을 살펴보아야 하며 자사의 대응 능력을 검토해야 한다.

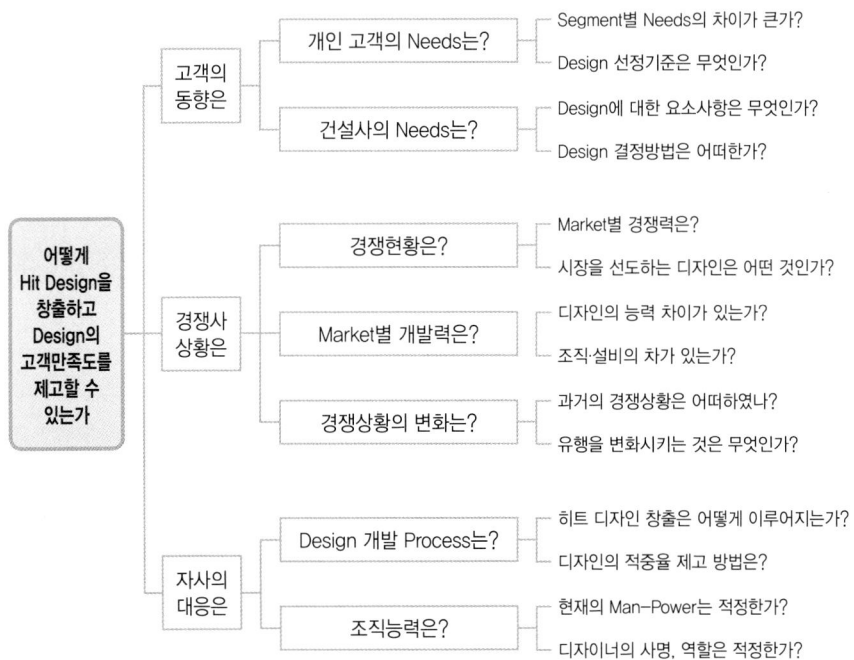

벤치마킹

　당나귀와 관련된 우화 하나를 소개한다. 하루 종일 고된 일을 하지만 당나귀에게 돌아오는 것은 주인의 칭찬과 격려는커녕 호된 채찍 세례와 말라빠진 홍당무가 전부였다.
　그러나 강아지는 하루 종일 낮잠 자고 빈둥거려도 항상 주인의 품에 안겨 있고 최상급 음식을 먹으며 마구간이 아닌 따뜻한 집에서 생활했다.
　당나귀는 아무리 생각해도 강아지가 사랑받는 이유를 알 수 없었다.
　'내가 모르는 비밀이 있을 거야. 지금보다 더 열심히 강아지만의 특별한 행동을 찾아봐야지.'
　그렇게 오랜 시간 관찰한 결과, 드디어 당나귀는 강아지의 결정적인 행동을 발견하였다. 그것은 강아지가 주인이 집에 들어오면 뛰어나가 꼬리를 흔들며 품에 안기는 모습이었다. 그때마다 주인은 "아이고 귀여운 내 새끼" 하며 강아지를 끌어안고 볼을 비볐다.
　아! 바로 이거였구나~! 당나귀는 크게 기뻐하며 "이제 나의 고통은 끝났다. 나도 강아지와 같은 삶을 살아야지~"라고 외쳤다.
　희망에 부푼 당나귀는 주인이 집에 들어오기만을 기다렸다. 이윽고 주인이 돌아오는 순간~ 당나귀는 최선을 다해 꼬리를 흔들며 주인의 품으로 펄쩍 뛰어들었다. 그 후의 결과는~?

굳이 말하지 않아도 결과는 쉽게 상상할 수 있을 것이다.

왜 이러한 결과가 발생했을까? 무엇이 잘못되었을까?

한마디로 자기의 역할에 대한 이해가 잘못되어서 틀린 벤치마커를 선정했기 때문이다. 강아지는 주인에게 재롱을 피우고 웃음을 주는 역할이고 당나귀는 일하여 주인에게 경제적인 부가가치를 제공한다. 당나귀가 제대로 된 대상을 찾는다면 아마도 옆집의 소나 말 등 힘쓰는 동물이어야 했다.

기업에서도 이러한 일이 자주 발생한다. 어느 회사가 성과가 좋으면 무조건 벤치마킹하려고 한다. 왜? 그냥 좋은 회사라서? 이래서는 벤치마킹해 봐야 아무 의미가 없다. 벤치마킹에 필요한 항목을 선정한 후 대상을 고르고 어떻게 행동하는지 무엇이 다른지 관찰해야 한다.

벤치마킹에도 기술이 필요하다. 무턱대고 경쟁사나 우수 기업을 찾아 다니며 많이 조사한다고 다 내 것이 되고 응용할 수 있는 것도 아니다. 그렇다면 어떻게 하는 것이 가장 올바른 것인가?

〈벤치마킹 개념〉

첫 번째는 기록이다

 필기 도구를 필히 지참하고 벤치마킹 대상의 사소한 것 하나 놓치지 않고 모두 기록한다.
 각종 원자재나 제품 입·출고는 어떤 과정을 거치는지, 재고관리는 어떻게 하는지, 영업 노하우는 무엇인지, 재무관리는 어떤지 기업 활동과 관련 있는 모든 것을 기록한다. 사람의 기억력에는 한계가 있다. 눈으로만 보면 특별한 것 몇 가지를 제외하고는 기억이 잘 나지 않는다.

두 번째는 분석이다

 기록하고 정리한 자료들을 보면서 "왜?"라고 질문하며 접근한다.
 "왜" 그런 방식으로 원자재를 관리하지?, "왜" 재고가 항상 일정하지?, "왜" 영업사원들이 따로 없지? 하며 접근하면 합리적인 이유를 찾으려고 노력하게 된다.

세 번째는 활용과 접목이다

 조사하고 분석한 자료 중 활용하고 접목할 것이 무엇인지 판단해서 걸러내고 필요에 따라서 보다 나은 방법을 연구한다. 이 또한 머릿속으로만 생각하지 말고 반드시 기록하며 아이디어는 떠오를 때마다 메모하는 습관을 들인다.

제 4 장

사람 데이터로 객관화하라

BUSINESS

검증으로
데이터를 객관화하라

📋 상품기획팀에서 일어난 일

모 화장품 회사의 상품기획팀에는 3명의 대리가 있다. 연령대가 비슷해 단합이 잘되고 열심히 일한다.

고 대리는 소비자의 동향을 파악하기 위해 현장이나 거리에 나가서 관찰하거나 몇 가지 아이디어를 가지고 고객을 대상으로 직접 실험하며 사실을 확인한다.

박 대리는 파악해야 할 내용을 정리하여 설문지를 만들어서 배포하고 정리하는 데 온 신경을 쓴다. 김 대리는 과거 실적 데이터나 경쟁사 데이터를 확보하여 분석과 대안 찾기에 심혈을 기울인다.

가설 검증 방법은 일반적으로 3가지가 있는데 고 대리는 실험과 현장 관찰 방법을 사용한다. 이에 반해서 박 대리는 설문이나 인터뷰를 중시하고 김 대리는 데이터 분석에 치중한다.

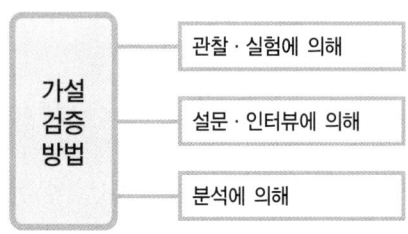

📋 가설 검증 방법

고 대리는 현장에서 직접 확인한 정보를 신뢰한다. 현장에서는 소비자의 움직임이나 소비 패턴의 변화 등 생생한 정보를 얻을 수 있다. 단점으로는 관찰자의 선입견에 의해서 해석이 왜곡될 수 있다.

박 대리는 사람을 통한 의견을 중시한다. 직접 살아 있는 소리를 들을 수 있어 현재적이고 독점적이다. 그러나 인간적인 신뢰도가 떨어지면 정보의 질도 떨어진다. 확인 없이 그대로 믿을 위험도 있다.

김 대리는 매체나 축적된 정보를 신뢰한다. 짧은 시간 내에 많은 정보를 얻을 수 있는 장점이 있다. 그러나 공개된 정보이므로 차별성이 부족하며, 과거형 정보이므로 현실과 안 맞을 수 있다.

〈정보의 종류〉

종류	정보원	장점	단점
현장	공장, 사무실, 점포, 쇼룸, 거리, 공원	능동적인 정보 수집방법이다. 현장 사람의 행동, 쇼원도, 패션 변화 등 최신의 생생한 정보를 얻을 수 있다.	수집자의 능력과 선입견에 좌우되기 쉽다.
사람	친구, 지인, 동료, 상사, 조사 대상층	현재의 살아 있는 소리를 들을 수 있기 때문에 새로움과 독점성 등에 있어 장점이 있다.	정보의 질과 양을 결정하는 것은 신뢰관계이다. 주관적인 정보이기 때문에 확인이 필요하다.
매체	신문, 잡지, 전문지, 서적, TV, 인터넷, 라디오	수집하기 쉬우며, 정보를 편집 가공해서 가치를 올릴 수 있다.	모두 공개된 정보이기 때문에 개개 정보의 가치는 떨어진다.
축적	Data Base, 도서관, 업계, 기업자료실, 협회	신속성, 망라성, 검색성이 뛰어나며 공개정보를 거슬러 올라가서 입수하는 것이 가능하다.	Data Base가 대부분 최신의 것이 아니라 최근의 동향 파악에는 미흡하다.

📝 가설 검증 시 유의사항

가설을 검증할 때는 3가지 사항을 유의해야 한다.

첫째, 성급하게 결론을 내리지 않는다.

둘째, 적절한 방법으로 가설을 검증한다.

셋째, 검증 과정에서 가설에 반하는 결과가 나와도 결과를 수용한다. 가설은 어디까지나 가설이다. 검증 과정에서 바뀔 수 있다고 생각해야 한다.

📝 지역 선정이 중요하다

가설에 의한 모델을 만든 후 지역을 선정하여 현장에서 관찰하고 검증한다. 그러나 비용이 많이 든다. 가능한 것도 있고 불가능한 것도 있다. 표본을 잘못 고르는 경우 큰 오류가 발생할 수 있다.

예로 20~30대 직장인 대상 간식을 신상품으로 구상하고 있다. 그런데 여의도 지역을 선정하여 판매량을 관찰하면 오류가 발생할 가능성이 있다. 왜냐하면 여의도는 금융회사가 많아서 20~30대보다 30~40대가 많다. 오히려 구로디지털단지 주변 등 벤처기업이 몰려 있는 곳이 좋다. 그래야 정확한 데이터를 수집하고 검증할 수 있다.

〈실험 지역 선정〉

📋 현실과 동일한 상황에서 실험·관찰한다

사례를 보자. 당신은 어린이 과자류를 생산·판매하는 회사의 마케팅 기획팀 과장이다. 신제품을 출시하여 할인점이나 슈퍼마켓 매장에 진열하였다.

과자는 어린이들이 선택하기 때문에 포장을 어린이에게 맞춰 화려하게 하였고, 어린이의 눈에 맞도록 2단에 배치하였다. 그러나 크게 성공하지 못하였다. 이 문제를 해결하기 위해 팀을 구성하였다. 새롭게 어린이 간식은 주로 엄마가 선택한다는 가설을 세웠다.

이 가설을 검증하기 위해 제품을 진열대 2단에서 엄마 눈높이에 맞춘 3단으로 변경한다. 그리고 실제 매출 증가 여부를 살핀다.

매대 위치를 바꾸는 것은 큰 비용이 들어가지 않는다. 그러나 제품의 디자인을 바꾸거나 스펙을 변경하는 부분은 비용이 많이 들어가기 때문에 사용하기 어렵다.

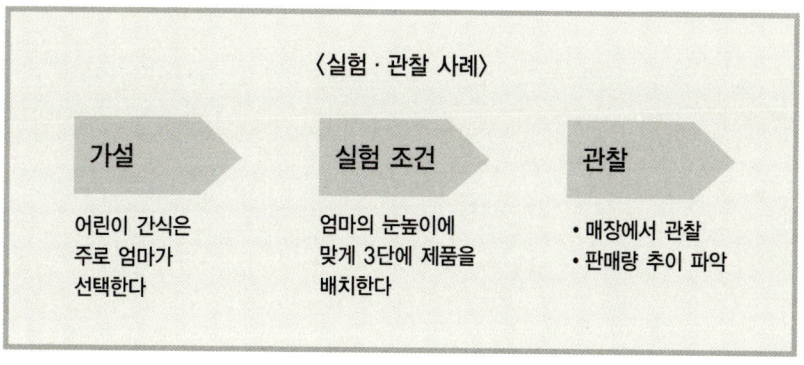

📋 피실험자가 알 수 없도록 한다

현장과 유사한 상황을 만들고 테스트하는 경우가 있는데 이는 엄밀한 의미로 현장 관찰은 아니다. 피실험자가 실험이라는 사실을 몰라야 한다. 만일 실험이라는 것을 알게 되면 부자연스러워지고 제대로 행동할 수 없다.

예를 들어보자. 음료수 회사에서 몇 가지 음료를 개발하여 도로에 나가서 소비자를 대상으로 실험했다고 가정하자. 실제 구매 상황이 아니다. 유사하지만 현실과 맞다고는 할 수 없다.

예전에 한 콜라 회사가 맛을 비교한다며 눈을 가리고 경쟁사 제품과 같이 마시게 하였는데 자사 제품을 선택한 사람이 많았다고 홍보한 사례가 있다. 이것은 현장 검증도 아니고 현장 실험도 아니다. 즉 콜라를 마시고 싶은 상황에서 선택하는 상황이 아니다. 실제로 콜라를 마시고 싶을 때는 톡 쏘는 맛이 좀 더 강한 것을 선택하게 된다.

설문지 작성 기술

📋 설문지 작성 Process

설문조사는 큰 노력을 들이지 않고 많은 데이터를 얻을 수 있는 장점이 있다.

설문조사에서 많은 정보를 얻기 위해 설문 문항수가 많아지면 설문에 응하지 않거나 또는 대충 답변하여 왜곡이 생길 수 있다는 사실도 명심해야 한다. 또한 전문적인 분석이 필요하거나 조사결과에 대한 파급 효과가 큰 경우에는 전문기관에 맡기는 것이 바람직하다.

설문조사를 하기 위해서 가장 기본이 되는 설문지를 작성하는 4단계 절차를 알아보자.

〈설문지 작성 Process〉

설문 항목 결정 → 개별 문항 작성 → 항목 배열 결정 → 설문지 Form 결정

📋 설문 항목 결정

설문 항목 결정 → 개별 문항 작성 → 항목 배열 결정 → 설문지 Form 결정

⊙ 내용
- 분석툴에 의해서 설문 문항을 체계적으로 List-up.

⊙ Check Point
- 빠짐이 없는가?
- 반드시 필요한 항목인가?
- 문항수는 적절한가?
- 응답 소요시간이 너무 길지 않은가?
- 특정 항목에 응답하기 위해 응답자가 너무 많은 노력을 기울이는 것은 아닌가?
- 일부 응답자들만 응답할 수 있는 질문이 있는가?

📋 개별 문항 작성

```
설문 항목     →  개별 문항  →  항목 배열  →  설문지
결정             작성          결정         Form 결정
```

⊙ 내용
List된 항목별로 응답 내용을 작성함.

⊙ Check Point
- 쉽고 의미가 명확한 단어를 사용하였는가?
- 응답자 수준에 맞는 단어의 문장인가?
- 질문이 너무 길지 않은가?
- 한 질문에 두 가지 이상의 내용을 담고 있지는 않은가?
- 특정 응답을 하도록 유도 질문하지는 않은가?
- 선다형 응답의 경우, 모두 가능한 응답이 포함되어 있는가?

질문형태

양자택일형 현재 OJT는 체계적으로 실시하고 있습니까?
① 체계적으로 실시하고 있다.
② 체계적으로 실시하지 않고 있다.

선다형 현재 귀하와 관계가 가장 불편한 대상은 누구입니까?
① 동료사원   ② 선 · 후배   ③ 관리자
④ 감독자   ⑤ 없다

척도형 귀 부서의 분위기는 어떻습니까?

```
     1        2        3        4        5
     |        |        |        |        |
  활기가    활기가   보통이다  활기 있다  매우 활기
  매우                                    있다
  부족하다  부족하다
```

자유응답형 다른 부서로의 이동을 희망한다면,
어느 부서로 이동하고 싶습니까?
(맡고 싶은 일이 있다면 구체적으로 적어주십시오)
(   )

고객만족도를 조사하여 당사에서 생산하는 제품이나 서비스를 개선·보완하고자 하오니 성실하게 답변해 주시길 부탁드립니다. 아울러 본 답변서 내용은 통계 목적으로만 사용되며, 다른 용도로는 절대 제공되지 않습니다. 안심하시고 답변해 주시기 바랍니다.

---

1. 제품 구매 전 사전정보 수집은 용이하였나요?
   ① 매우 불만   ② 불만   ③ 보통   ④ 만족   ⑤ 매우 만족
2. 대리점의 위치는 접근이 용이하였나요?
   ① 매우 불만   ② 불만   ③ 보통   ④ 만족   ⑤ 매우 만족
3. 판매원은 친절하였나요?
   ① 매우 불만   ② 불만   ③ 보통   ④ 만족   ⑤ 매우 만족
4. 판매원의 복장은 단정했나요?
   ① 매우 불만   ② 불만   ③ 보통   ④ 만족   ⑤ 매우 만족
5. A/S 요청 시 신속하게 제공받았나요?
   ① 매우 불만   ② 불만   ③ 보통   ④ 만족   ⑤ 매우 만족
6. A/S 직원들은 친절했나요?
   ① 매우 불만   ② 불만   ③ 보통   ④ 만족   ⑤ 매우 만족
7. 품질은 전반적으로 만족하나요?
   ① 매우 불만   ② 불만   ③ 보통   ④ 만족   ⑤ 매우 만족
8. 제품의 가격은 적당한가요?
   ① 매우 불만   ② 불만   ③ 보통   ④ 만족   ⑤ 매우 만족
9. 제품의 디자인(색상, 모양)은 만족하나요?
   ① 매우 불만   ② 불만   ③ 보통   ④ 만족   ⑤ 매우 만족
10. 제품의 크기는 적당한가요?
    ① 매우 불만   ② 불만   ③ 보통   ④ 만족   ⑤ 매우 만족

· 직업은 무엇인가요?   회사원   공무원   주부   학생   기타
· 나이는?   10대   20대   30대   40대   50대 이상
· 성별은?   남   여

설문에 응해 주셔서 감사합니다.

항상 저희 제품을 애용해 주셔서 감사합니다. 본 설문조사는 고객 만족 수준을 파악하고 더욱 열심히 노력하기 위한 기초 자료로서만 활용되며 응답하신 내용은 외부로 유출되지 않습니다.

1. 당사에 대한 전체적인 만족도는 어느 정도입니까?

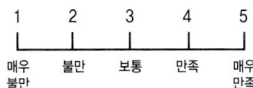

6. 본 제품과 관련한 서비스는 어느 정도입니까?

2. 당사의 제품에 대한 만족도는 어느 정도입니까?

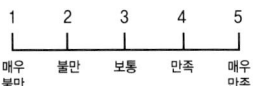

7. 본 제품의 품질에 대해서는 어떻게 생각하십니까?

3. 당사의 서비스에 대한 만족도는 어느 정도입니까?

8. 본 제품의 가격에 대해서는 어떻게 생각하십니까?

4. 당사가 제공하는 사전정보에 대해 어떻게 생각하십니까?

9. 본 제품의 디자인에 대해서는 어떻게 생각하십니까?

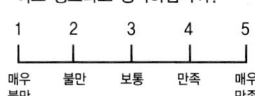

5. 제품을 구매하시기에 얼마나 편리하다고 생각하십니까?

10. 본 제품이 다양성 측면에서는 어느 정도라고 생각하십니까?

응답해 주셔서 감사합니다. 기본적인 통계 처리를 위해서 아래 항목을 기입해 주세요.
o 성별 : 남 / 여
o 연령 : 10대 / 20대 / 30대 / 40대 / 50대 / 60대

항목 배열 결정

설문 항목 결정 → 개별 문항 작성 → **항목 배열 결정** → 설문지 Form 결정

◉ **내용**
- 설문응답 시 응답자가 흥미를 가지고 논리적으로 대답하도록 설문 항목 배열

◉ **Check Point**
- 간단하고 흥미를 느낄 수 있는 문항부터 제시하였는가?
- 합리적인 논리 전개를 위해 순차적으로 설문 항목을 배열했는가?
- 선택 설문(2번 응답자 → 5번으로 이동)은 명확하게 알 수 있도록 제시하였는가?
- 응답하기 어렵거나 민감한 반응이 예상되는 질문은 뒷부분으로 배열했는가?
- 특정 Issue에 대한 질문들은 함께 모여 있는가?
- 개인 기록사항 관련 질문(연령, 소속 등)은 설문지 뒷부분으로 배치했는가?

📋 설문지 Form 결정

설문항목 결정 ▶ 개별문항 작성 ▶ 항목 배열 결정 ▶ **설문지 Form 결정**

⊙ 내용
- 설문 응답자가 응답하기 편한 구성 및 모양 결정

⊙ Check Point
- 조사 제목, 조사 기관, 설문의 목적, 응답 요령 등을 알기 쉽게 앞장에 제시하고 있는가?
- 안내문, 질문 문항 등을 칸에 맞게 정렬하였는가?
- 설문 문항과 면수가 너무 많지 않은가?
- 깨끗한 용지를 사용했는가?

설문지 Form

〈설문 겉표지 작성〉

- **조사 제목**
  - 조사 목적이 제시된 제목

- **조사 목적**
  - 무엇을 조사하는지 간단히 밝힘

- **조사 결과의 활용**
  - 조사 결과를 어디에 활용할 것인지 간단히 밝힘

- **응답 요령**
  - 응답 유형을 간단히 소개하고
  - 각 응답(질문) 유형에 대한 응답 요령을 예를 통해서 설명함
  - 응답 요령의 예시는 실제 응답에 영향을 미치지 않도록 실제 설문 내용과는 무관한 것으로 제시함

- **이외에 응답과 관련된 유의사항들이 있으면 간단히 제시함**

- **조사기관 명기**
  - 조사기관은 겉표지 맨 아래
  - 우편 설문일 경우는 보낼 곳을 명기함

〈설문지 구성〉

- **설문 응답자가 응답하기 편하도록 전체 구성 및 모양을 결정함**
  - 보통 사내에서 실시하는 간단한 설문은 세로로 하는 것이 좋음
  - 설문 문항이 많을 경우 가로로 하여 질문과 응답 내용이 같은 선에 있도록 함
  - 질문 문항들은 칸에 맞게 정렬되어 있는 것이 응답하기에 편함
  - 질문과 응답의 글씨체를 달리하면 눈에 잘 들어옴
    (예 : 질문은 고딕, 응답은 명조)
  - 문항과 문항 간에는 구별이 되도록 띄움
    중요한 부분의 질문은 밑줄을 긋도록 함

📋 사례 : ○○기구 영업 기반 미비

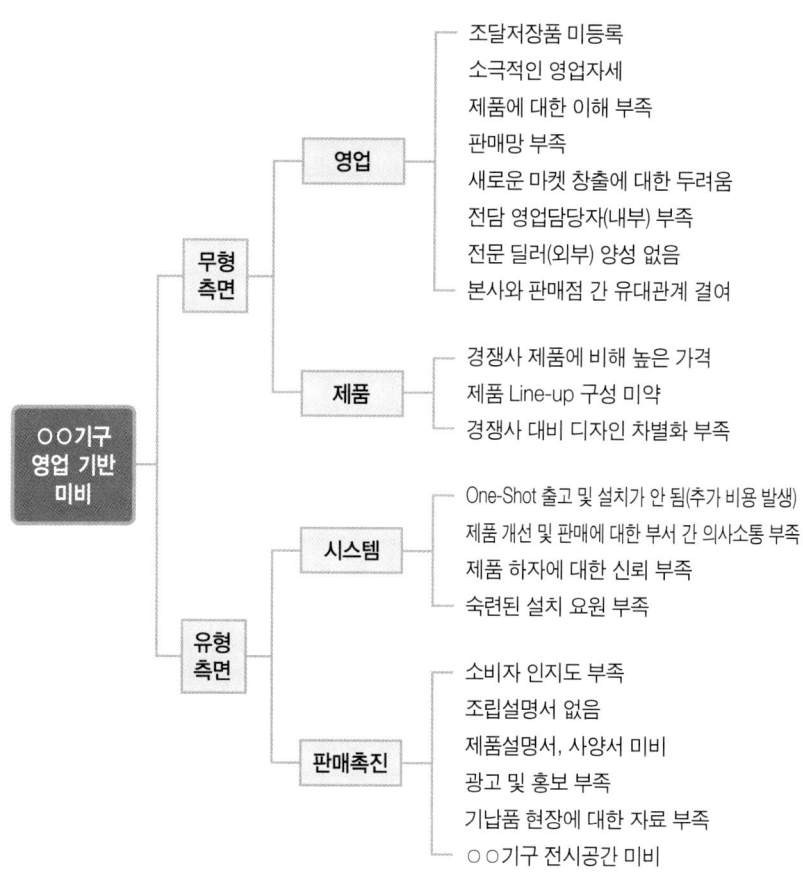

영역	가 설	분석내용	자료원	담당
영업	1. 조달저장품 미등록 2. 소극적인 영업자세 3. 제품에 대한 이해 부족 4. 판매망 부족 5. 새로운 마켓 창출에 대한 두려움 6. 전담 영업담당자(내부) 부족 7. 전문 딜러(외부) 양성 없음 8. 본사와 판매점 간 유대관계 결여	○○기구 조달 등록 계획 영업사원의 선호도/인식도 제품 이해도 현 판매망 만족도 고객 발굴 영업 방법/태도 필요도 필요도 대리점의 본사 지원 만족도	조달영업파트 계획/자료 설문조사 및 인터뷰	김 대리 천 대리
제품	1. 경쟁사 대비 높은 가격 2. 제품 Line-up 구성 미약 3. 경쟁사 대비 디자인 차별화 부족	타사 대비 가격 비교 분석 타사 대비 제품 Line-up 분석 타사 대비 디자인 분석 비교	가격 비교 자료 제품 Line-up 분석 자료 카탈로그	정 대리
시스템	1. One-Shot 출고/설치 안 됨(추가 비용 발생) 2. 제품 개선 및 판매에 대한 부서 간 의사소통 부족 3. 제품 하자에 대한 신뢰 부족 4. 숙련된 설치요원 부족	만족도/불만족 사항 만족도 만족도/불만족 사항 설치만족도/불만족 사항	설분소사 빗 인터뷰	김 대리 천 대리
판매촉진	1. 소비자 인지도 부족 2. 조립설명서 없음 3. 제품설명서/사양서 미비 4. 광고 및 홍보 부족 5. 기납품 현장 자료 부족 6. ○○기구 전시공간 미비	인지도 현 조립설명서/제품설명서 사양서 현황 광고/홍보 현황 비교 현재 보유 납품현장자료 현황 ○○ 기구 전시 현황	설문조사 카탈로그 광고/홍보 횟수 내용 납품 현장 자료 인터뷰	오 과장 정 대리 오 과장

○○기구 매출 증진을 위한 해결방안 모색 설문조사

본 설문은…
○○기구 매출 증진에 대해 직원들이 어떠한 생각들을 가지고 있는지를 파악하고자 합니다.

본 설문의 결과는…
○○기구의 매출을 올리는 방안을 강구하기 위한 기초자료로 활용됩니다.
평소 여러분들이 생각하시고 느끼신 대로 솔직하게 응답해 주십시오.

응답 요령…
각 문항을 보시고 자신의 생각과 일치되는 곳에 체크하시면 됩니다.

〈예시 1〉 광고에서 제품관련 내용별 관심도는 어느 정도입니까?

| 1 | 2 | 3 | 4 | 5 |
전혀 관심이 없다 / 관심이 없다 / 보통이다 / 관심이 있다 / 매우 관심이 있다

전혀 관심이 없다면 1, 관심이 없다면 2, 보통 정도면 3,
관심이 있다면 4, 매우 관심이 있다면 5에 체크하시면 됩니다.

〈예시 2〉 정보 수집방법의 하나인 매체 활용 중에서 가장 선호하는 것은 어느 것입니까?

① TV ② 신 문 ③ 라디오 ④ 잡 지 ⑤ 기 타

※ 각 번호에 맞게 체크하시고 없는 경우는 기타에 기재해 주시면 됩니다.

▷▶ 응답하시기 전에 ◀◁
본 조사는 무기명이며, 개인적인 불이익은 전혀 없습니다.
한 문항도 빠짐없이 응답해 주시기 바랍니다.

○○기구 매출 증진을 위한 해결방안 모색 설문조사

〈판매경험 및 설치 시 문제사항〉

1. ○○기구를 판매해 보신 경험이 있으신가요?
　① 있다　　　　　　　　　　② 없다

2. 있다면 어느 현장입니까? 현장명을 기입해 주세요.
　(　　　　　　　　　)

3. 납품 시 설치는 원활히 이루어졌습니까?
　① 예　　　　　　　　　　　② 아니오

4. 설치 시 어떤 두려움이 있으셨나요?
　① 설치팀 인원 부족　　　　② 구조적 어려움(설치 방법 난이)
　③ 설치팀 설치 기술력 부족　④ 문제 발생 시 본사의 즉각적인 대응 부족
　⑤ 기타 (　　　　　　　)

〈제품에 대한 이해력 정도〉

1. 당신은 당사 ○○기구에 대해 완벽하게 숙지하고 있다고 생각하십니까?
　(모델 체계, 조립 방식, 주문 방식 등)

　전혀 모른다　　잘 모른다　　아는 편이다　　잘 안다　　매우 잘 안다
　┠─────┼─────┼─────┼─────┨

2. 모른다면 어떤 부분을 잘 모른다고 생각하십니까?
　① 모델 체계　② 가격 구조　③ 설치 방법　④ 제품 사양　⑤ 기타

3. ○○기구에 대한 지식 습득을 위해 필요한 자료는 어떤 것이라고 생각하십니까?
　① 제품설명서　② 가격표　③ 조립설명서　④ 카탈로그
　⑤ 기타 (　　　　　　　)

4. 교육이 필요하다고 생각하십니까?
　① 예　　　　　　　　　　　② 아니오

〈영업망 확충, 영업방식〉

1. 현재의 판매망으로 ○○기구 영업이 충분히 가능하다고 보십니까?

2. 충분하지 않다면 어떤 부분을 보강해야 한다고 생각하십니까?
   ① 전문딜러(외부)   ② 전담 영업담당자(내부)   ③ 인센티브제도 강화
   ④ 기타 (   )

3. 조달 저장품 등록이 ○○기구 매출에 영향을 미친다고 보십니까?

4. 새로운 판매처를 찾기 위해 어떤 방법을 사용하는 게 좋겠습니까?
   ① 기존 인맥 활용   ② 적극적인 로비활동   ③ 광고(TV 등 방송매체)   ④ DM 발송

5. 대리점, 딜러에 대한 본사 지원은 충분하다고 보십니까?

6. 부족하다면 필요한 지원은 무엇이라고 보십니까?
   ① 인센티브제 강화   ② 제안작업 지원 강화   ③ 납기 준수 강화   ④ 카탈로그 제작
   ⑤ 광고 강화   ⑥ ○○기구 전용 전시공간 확보   ⑦ 기타 (   )

〈인식, 선호도, 판매의욕 정도〉

1. ○○기구를 판매하고자 하는 의향이 있으십니까?
   ① 예   ② 아니오

2. 아니라면 그 이유는?(있는 대로 고르세요)
   ① 가격이 비싸다   ② 제품구색이 다양하지 않다
   ③ 품질이 떨어진다   ④ 판로가 없다
   ⑤ 판매수량이 적다   ⑥ 출고 및 설치가 원활하지 않다
   ⑦ 모델체계가 복잡하다   ⑧ 제품에 대해 잘 모르겠다
   ⑨ 기타 (   )

3. 경쟁사 대비 당사 ○○기구 제품에 대한 만족도에 대해 V 표시하세요.

① 디자인 :   매우 나쁘다   나쁘다   보통   좋다   매우 좋다

② 제품구색 :   매우 부족   부족   보통   다양   매우 다양

③ 가격 :   매우 나쁘다   나쁘다   보통   좋다   매우 좋다

④ 품질 :   매우 나쁘다   나쁘다   보통   좋다   매우 좋다

⑤ 납기 :   매우 나쁘다   나쁘다   보통   좋다   매우 좋다

⑥ 설치 :   매우 나쁘다   나쁘다   보통   좋다   매우 좋다

4. 당사 ○○기구에 대한 일반 소비자의 인지도는 어느 정도라고 생각하십니까?

   전혀 모른다   모른다   보통이다   잘 안다   매우 잘 안다

〈제품개선 및 부서 간 의사소통〉

1. 제품품질 향상을 위해 가장 필요한 게 무엇이라고 생각하십니까?
   ① 디자인 간소화   ② 가격인상(원가인상)   ③ 대량생산   ④ 품질검사 강화
   ⑤ 부서 간 피드백을 통한 개선활동

2. 개발부터 판매까지 일련의 과정에서 부서 간 의사소통은 원활하다고 보십니까?

   매우 나쁘다   그렇지 않다   보통이다   원활한 편이다   매우 원활하다

※ 지금까지 설문에 응해 주셔서 감사합니다. 본 설문자료는 ○○기구 매출 향상에 중요한 자료로 소중히 사용하겠습니다.

소속 : 본사 (팀)
대리점 (   )

— 끝 —

BUSINESS
인터뷰 기술

인터뷰는 조직 안팎에서 수행하는 일의 과정에 대한 정보를 수집하는 수단이다. 인터뷰 대상은 관련 부문의 사람과 또는 필요한 분야의 전문가이며 직접 대화하여 필요한 정보를 추출한다.

인터뷰를 수행하는 사람은 효과적인 인터뷰를 위해 인터뷰 분야 및 대상 조직에 대한 사전 지식이 필요하다.

인터뷰는 크게 지시적인 것과 비지시적인 것 2가지 유형이 있다.

유 형	방 법	특 징	주 사용처
지시적인 인터뷰	질문지를 이용하여 인터뷰하는 방식	• 표준화 가능 • 규격화되고 획일적인 정보 수집	비즈니스
비지시적인 인터뷰	자발적으로 자유롭게 말하게 하는 인터뷰 방식	• 풍부한 정보수집 • 표준화가 어렵다	임상실험

📋 업무 과정상의 인터뷰 활용

인터뷰는 사업 전략을 수립하거나 개선 활동이 이루어질 때 각 단계별 인터뷰 내용 및 대상이 다르다.

아래 그림을 보면 전략적인 사업 방향을 정할 때 확인할 내용과 대상이 있다. 사업 방향과 프로젝트 목적을 파악하고 주로 임원을 인터뷰한다. 현상을 파악할 때는 내용과 인터뷰 대상자가 다르다. 시장 및 주변환경을 조사할 때는 공급자, 소비자 등 외부인을 인터뷰한다. 업무와 관련된 현황을 분석할 때는 중간관리자나 현업 담당자를 인터뷰한다.

또한 To-be 모델을 설정할 때의 파악 내용과 인터뷰 대상자가 다르게 나타난다. 벤치마킹을 통해 Best Practice를 확인하고 내부 전문가를 인터뷰하여 아이디어를 수집해야 한다. 따라서 적절한 인터뷰 내용 선정과 이를 활용하기 위해서는 적합한 인터뷰 대상자 선정이 매우 중요하다.

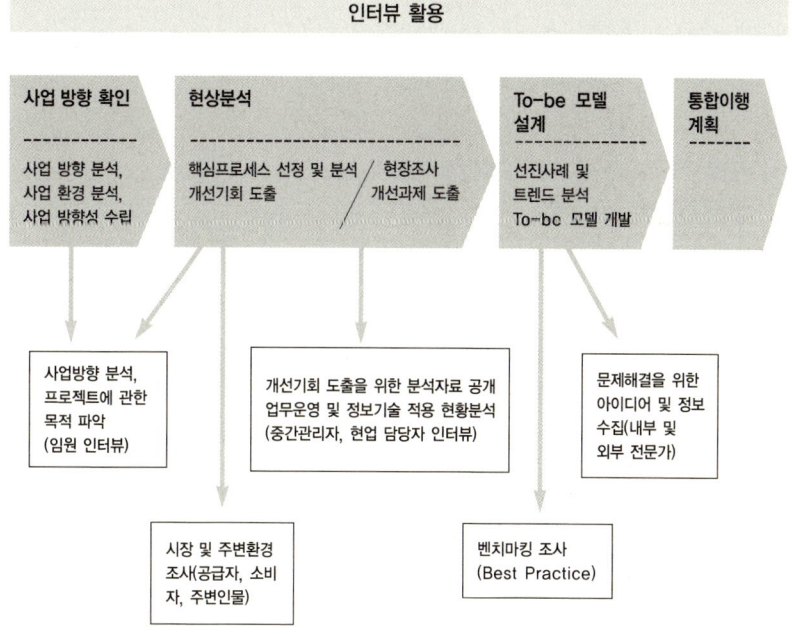

📋 인터뷰 3단계 절차

인터뷰는 일반적으로 3가지 단계의 프로세스를 사용한다.

Plan 단계에서는 이번 인터뷰를 왜 하는지 목적을 명확히 하고 이에 적합한 대상자를 선정하고 인터뷰 일정을 조정한다.

Interview 단계에서는 구성과 소개의 말, 진행 방법을 준비하여 원활하게 인터뷰를 수행한다.

Write 단계에서는 수집한 정보를 정리하고 또한 필요하다면 인터뷰 대상자에게 일부 정보를 제공하는 것도 바람직하다.

단계별로 유의사항이나 체크포인트에 대해서 알아보자.

〈인터뷰 3단계 프로세스〉

Plan	Interview	Write
• 인터뷰의 목적에 대해 명확하게 정의한다. • 대상자를 선정한다. • 대상자와 접촉한다. • 인터뷰 팀을 구성한다.	• 자신에 대한 소개를 준비한다. • 인터뷰를 진행하고 메모한다.	• 중요한 사항(획득한 정보 등)을 정리한다. • 필요할 경우 인터뷰 대상자에게 일부 정보를 제공한다.

인터뷰 후보 선정

Who?
- 인터뷰할 후보는 인터뷰 목적과 프로젝트 범위에 따라 신중히 선정한다.
- 사내 전문가를 최대한 활용하고, 정보를 수집하여 후보군을 정리한다.
- 인터뷰 팀을 구성한다(질문과 메모, 비언어적 메시지 캐치, 분석 등 효율적인 인터뷰 수행을 위하여 2인 정도로 구성함).
- 한 사람은 인터뷰를 진행하고 다른 사람은 메모한다. 가능하다면 인터뷰 도중 두 사람의 역할을 바꾸어보는 것도 괜찮다.
- 가급적 충분한 여유를 두고 인터뷰 일시, 장소 등을 결정한 후 인터뷰 대상자에게 인터뷰 배경 및 내용, 참석자 등을 알린다.

When?
- 하루에 최대 3건까지
- 인터뷰 종료 후 10분 정도 정리하는 시간을 갖는 것이 좋다.
- 인터뷰와 인터뷰 사이에 충분한 이동시간을 확보한다.

Where?
- 방해받지 않을 장소
- 사전에 장소 확인
- 인터뷰 대상자의 근무처와 가까운 곳이 좋다.

인터뷰 시작

자세〉

친절하면서 전문적인 자세를 유지하라. 인터뷰 대상자가 받은 인상은 향후 인터뷰에 영향을 미친다.

- 거리에 주의한다(상대방과 70cm 정도 유지).
- 첫인상 : 전문가다운 면모와 부드러운 분위기
- 바른자세 : 시선, 다리를 꼬고 앉지 않음, 웃옷 착용, 금연

순서〉

- 자기소개 및 감사의 뜻을 표한다.
- 인터뷰 시간을 확인한다.
- 프로젝트 및 인터뷰 목적을 설명한다.
- 인터뷰가 전체 문제해결에서 어떠한 도움을 줄 수 있는지 확인시킨다.
- 경우에 따라 대상자의 상관 혹은 조직의 누군가가 원해서 인터뷰가 이루어짐을 환기시킨다.
- 인터뷰 결과의 사용방법 및 비밀유지 사항을 설명한다.

인터뷰 진행

- 인터뷰 진행자가 가능한 한 순서대로 인터뷰를 진행한다.
- 인터뷰 상대가 말을 편하게 할 수 있도록 한다.
  - 잘 듣는 사람이 될 것. 자신의 의견은 중요하지 않다.
  - 궤도 수정을 하더라도 상대의 페이스에 맞춘다(일정 고집하지 않음).
  - 이해가 안 되는 점이 있으면 확인한다.
  "말씀하고 계신 것은 … 입니까?"

- 인터뷰 주제에서 벗어나지 않도록 주의한다.
- 인터뷰 도중 앞의 답변과 상반되는 얘기가 나올 경우 반드시 확인하고 다음 단계로 넘어간다.
- 답변이 구체적이지 않거나 정확한 답변을 피하려는 경우 구체적인 답변을 유도한다.
- 정보를 주고받을 것, 공유할 수 있는 정보가 있다면 인터뷰 대상자에게 제공한다.
- 보디랭귀지를 놓쳐서는 안 된다.
- 인터뷰 기록자는 표현 그대로 인터뷰 내용을 기록한다.

질문하는 방법

- 상대의 마음속으로 들어간다. 경계심이나 의구심이 생기지 않도록 한다. 분위기가 좋아지면 서서히 질문 방법을 바꾸어간다.
  - 답하기 쉬운 것부터 어려운 것으로
  - 과거로부터 현재로
  - 추상적인 것으로부터 구체적인 것으로
  - 좋은 것으로부터 나쁜 것으로
  - 간접적인 것으로부터 구체적인 것으로

- 상대의 입을 열 수 있도록 하는 질문을 연구한다. 감탄사 및 유도어, 긍정적 동작 등을 적절히 사용한다.
  - "예를 들면?"
  - "5~10%? 20%?"
  - "왜 그렇습니까?"

- 질문은 명료하고 효율적으로 한다.
  - 단순명료
  - "알고 있었다"고 말하여 분위기를 해치지 않도록 함
  - '사실'을 얻을 수 있도록 함
  - 유도심문은 하지 않음

- 때때로 침묵은 상대의 말을 이끌어낼 수 있다.

인터뷰 마무리

- 부족한 부분이 있는지 확인한다.
- 인터뷰 대상자에게 부가적인 질문이 있는지 확인한다.
- 자료 등을 받는다.
- 정리된 인터뷰 결과 검토를 요청한다.
- 약속한 시간을 준수한다.
- 추가적인 인터뷰(전화, 서면, e-mail 등)가 필요한 경우를 대비해 사전 양해를 구한다.
- 감사의 뜻을 표한다.

인터뷰 요약결과

- 인터뷰 결과를 정리해야 인터뷰가 완결된다.

- 인터뷰 결과는 그날 안으로 정리한다.
    - 정리는 시간이 걸림. 인터뷰는 하루에 3건까지
    - 인터뷰를 반복하는 사이에 기억이 확실히 떨어짐.

- 표준화된 양식을 사용하고 사실, 의견을 구분한다.

- 인터뷰는 중요한 성과이다. 팀원들과 신속히 인터뷰 내용을 공유한다.
    - 개개의 인터뷰 내용
    - 몇 번의 인터뷰가 끝난 단계에서 전체를 종합
      (→ 일반적인 경향을 도출함)

- 인터뷰를 리뷰하고 수정·보완한다.
    - 목적은 달성했는가?
    - 준비는 적절했는가?
    - 인터뷰 방법은 좋았는가?

- 감사 메일과 함께 요약 정리한 내용을 인터뷰 대상자에게 보내주면 좋다.

사례 1 : 물류 전략방향 수립

물류 전략방향 수립 인터뷰 질의서

1. Interview 목적

본 인터뷰는 우리 회사의 질적 성장을 도모하고자 현재의 물류 역량을 진단하고 이에 따른 물류효율화의 전략방향을 모색하기 위하여 경영층의 비전, 전략 등을 파악하고자 합니다.

2. Interview 진행방식

인터뷰는 개인별로 약 1시간 30분 정도로 진행되며 사전에 인터뷰 질의서가 개인에게 배포될 예정입니다.
인터뷰는 본 질의서의 항목과 내용으로 진행될 예정이며 상황에 따라 질의서의 범위를 다소 벗어날 수 있습니다.

3. Interview 진행관점

우리 회사를 둘러싼 전반적인 내외부 경영환경을 종합적으로 접근하고자 합니다.
향후 질적 성장을 달성하기 위한 주요 물류핵심과제 및 이의 성공적인 구현을 위한 의견을 도출하는 미래지향적인 관점에서 진행됩니다.
이를 위한 현재 우리 회사 내부의 물류경영능력과 역량, 물류구조, 정보시스템, 문화적인 측면에 대한 경영층의 의견을 직접적으로 파악합니다.

4. Interviewer

주 질문자 : 물류기획팀장 김○○
기록/정리 : 물류기획팀 박○○

Interview Questionnaire

1. Globalization, 정보화, 아웃소싱의 활성화 등 외부 경영 환경들은 급속하게 변하고 있고 기업의 경쟁력까지 위협하고 있습니다. 이러한 여건 속에서 향후 우리 회사의 입장에서 가장 염두에 두고 대처해야 할 환경변화 요소는 어떤 것들이 있다고 생각하십니까? 중요하다고 생각하시는 것 2~3가지만 말씀해 주십시오.

2. 과거에 수행되었던 우리 회사의 물류혁신 활동은 성과가 있었던 것으로 파악되었습니다. 향후 전개해 나가야 할 물류의 비전, 목표, 전략 등에 대해 평소에 갖고 계신 의견을 말씀해 주십시오.

3. 이와 관련된 현재 우리 회사의 핵심역량을 평가하신다면 어떤 것을 들 수 있겠습니까? 혹은 경쟁사와 대비한 경쟁력의 수준(강약점)에 대한 의견이 있으시면 밝혀주시고, 나아가 물류부문의 경쟁력은 어느 정도라고 생각하십니까?

4. 이를 감안하여 향후 물류부문에서 더 경쟁력을 갖춰야 할 분야(인력생산성, 물류비용, 서비스 품질, 관리통제의 강화 등)나 시급히 개선되어야 할 업무는 무엇이라고 생각하십니까?

5. 물류업무를 현재와는 다른 형태(자회사로 독립, 아웃소싱의 확대 등)로 운영할 필요가 있다고 생각하십니까? 필요가 있다고 생각하신다면 어떤 업무분야가 적합하다고 생각하시는지 말씀해 주십시오.

6. 위 5번 항에서 물류업무를 다른 형태로 운영할 필요가 있다고 생각하신다면
   - 어떤 형태(물류 자회사, 아웃소싱 등)가 적합하다고 생각하시는지 말씀해 주십시오.
   - 새로운 형태로 전환 시 고려해야 할 사항 혹은 전환의 장애요인들에 대해서 말씀해 주십시오.

7. 본 프로젝트를 통해 달성하려는 구체적인 목적 및 성과 혹은 당부 사항이 있으시면 말씀해 주십시오.

인터뷰에 응해 주셔서 감사합니다.

📋 사례 2 : 조합의 절단 수가 많은 이유는?

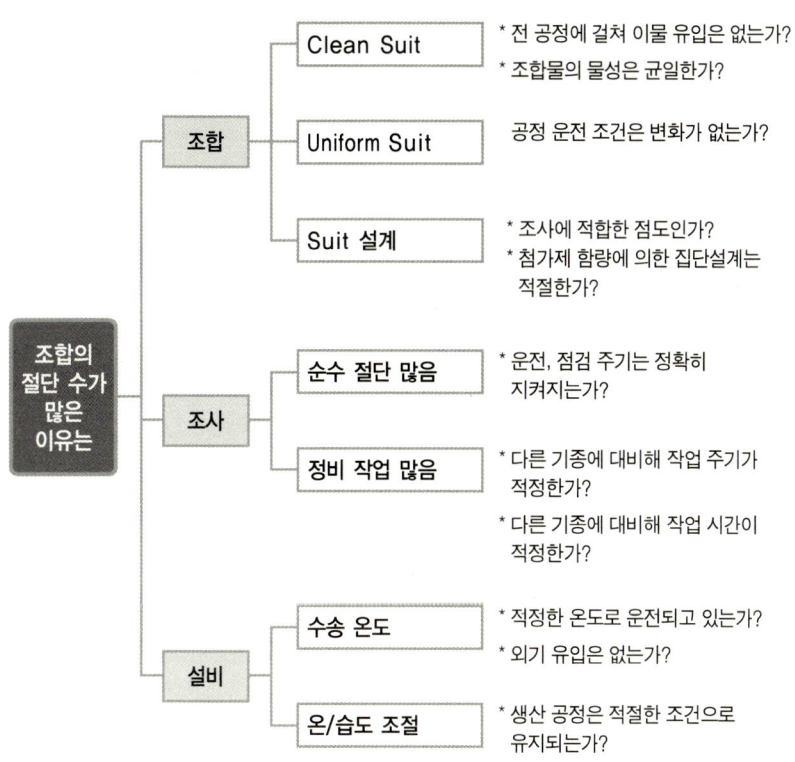

Issue	가 설	분석내용	자료원
1. 공정상의 이물질 유입	조합 각 공정의 설비에는 외부 이물의 유입이 없다.	조합물 이물질 함량	조합물 분석 자료
2. 물성 균일	조합물의 물성은 5 이상으로 안정되게 관리되고 있다.	주간 점도 추이 비교	물성 분석기 실험 자료
3. 점도	점도가 높아 절단 수가 증가한다.	수준별 절단 수 비교	실험 결과 데이터
4. 집단설계	점도 수준이 향상되면 집단기가 떨어진다.	집단기별 염착곡선 비교	집단기 적정 염색 데이터
5. 순수 절단이 많다	운전 조건, 설비 Check의 미준수 횟수가 타 라인에 비해 많다.	호기별 절단 유형 비교	기기 가동현황
6. 정비작업	타 라인에 비해 정비작업 횟수가 많다.	정비작업 추이 비교	정비 보고서
7. 수송 온도	수송 온도가 높아져 먼지가 많이 발생한다.	수송 압력 발생 건수	인터뷰
8. 외기 유입	외기 유입으로 산화된다.	외기 유입 발생 건수	인터뷰

인터뷰 목적 : 조합 공정 운전 현황 조사
인터뷰 대상 : 조합 공정 운전원(교대조, 6명)
인터뷰 시간 장소 : 근무자별 업무시간 중, 회의실

- 건조 수송 공정의 압력은 균일하게 유지되고 있습니까?
  - 출구 방향의 압력은?
  - 회전 방향의 압력은?

- 필터의 교체 주기는 어떻게 운영되고 있습니까?
  - 정상 주기는?
  - 비정상적으로 짧은 기간에 교체한 경우는 없습니까?
  - 있었다면 원인은 무엇이었습니까?

- 외기 유입은 주기적으로 체크하고 있습니까?
  - 주기 관리는 어떻게 하고 있습니까?
  - 외기 유입이 발생된 경우가 있습니까?
  - 있었다면 원인은 무엇이었습니까?

- 수송 온도는 몇 도 이하로 유지하고 있습니까?
  - 최근에 수송 온도로 산화된 경우가 있습니까?
  - 있었다면 원인은 무엇이었습니까?

답변해 주신 내용은 공정 개선에만 반영할 것이며 어떠한 평가에도 반영되지 않습니다.

제 5 장

간결한 문서를 만들어라

BUSINESS

1페이지로
전체를 요약하자

현대는 스피드 시대이다. 양이 많다고 해서 상대를 설득하기 쉽고 잘 소개했다는 생각은 버려야 한다. 문서를 1페이지로 요약하여 문서 앞에 놓는 것이 매우 중요하다. 요약의 중요성은 3가지이다.

첫째, 상대에게 짧은 시간 내에 사업 아이템을 대략적으로 이해시킬 수 있다.

둘째, 상대는 보고자 하는 것이 언제쯤 나올지 예상할 수 있다. 특히 프레젠테이션할 때 뒷부분에 중요 내용이 있는데 상대가 질문하면 참 답답하다. 이런 것을 미연에 방지하기 위해서 전체적인 내용을 1페이지로 요약하여 발표를 시작할 때 소개하면 상대가 자기가 알고 싶은 것이 언제쯤 나올지 알기 때문에 불필요한 질문을 자제할 수 있다.

셋째는 당신이 문서를 만들 때 어느 부분이 중요하고 핵심인지 알 수 있다. 1페이지로 요약하려면 많은 양을 줄여야 한다. 당신은 어느 부분이 중요하고 어느 부분은 불필요한지 파악할 수 있다. 즉, 핵심 중심으로 정리된다는 것이다.

중노년층도 쉽게 찍는 디지털 카메라

과제 포화시장 특징이 없다
- 디지털 카메라 시장은 포화상태이다.
- 항상 스펙 경쟁을 하므로 각 회사마다의 특징이 부족하다.
- 컴퓨터와의 연계를 생각해 젊은 사람 주체로 생각한 것이 폐해이다.

형태 그리고 싶은 사람의 카메라
- 예전부터 수동 카메라를 갖고 있던 물건으로의 존재감을 즐길 수 있는 카메라.
- 초점이나 노출을 직접 조절할 수 있도록 하고 사진 찍는 즐거움은 사용자가 느낄 수 있도록 한다.
- 사진을 찍는 것은 감성이 요구되므로 광학 필터를 기본적으로 장착한다.
- 끈도 달고, 필터도 달아 언제라도 애착을 가질 수 있도록 한다.

고객 요구의 발굴
- 수동 카메라를 사용하던 중노년층이 사용하기 시작하고 있다.
- 컴퓨터가 필요하지 않은 프린터의 인기가 높아지고 있다.
- 연하장에 가족 사진을 넣고 싶어 하는 사람이 늘어나고 있다.
- 아이나 손자와의 관계를 카메라를 통해 갖고 싶어한다.
- 젊은 시절 품질 사진을 찍던 사람들이 디지털 카메라 출사에 참가하고 있다.
- 조건적인 사람은 카메라 형태에 대해서는 보수적이다.

1 만명 설문 조사

기술 팝업식 모니터
- 속 내용은 디지털, 외관은 수동 카메라의 매력이 나도록 한다.
- 상대를 보면서 촬영할 수 있는 팝업식 모니터를 켠다(핫셀 블러드와 같은 것).

소구 소중한 물건, 중요한 사람

Modern-Classic

- 사진기의 존재감 자체를 즐길 수 있는 명기로 한다.
- 상대를 보면서 커뮤니케이션을 소중히 하는 새로운 발상의 카메라.

USB 에서 꽃향기를 느낀다

배경 사무실 스트레스 조사
- ◆ 대인관계의 스트레스가 많다
  ...... 맞지 않는 사람과 일을 하면 스트레스 원인이 된다.
- ◆ 여성은 서로 맞는 사람이 필요
  ...... 친하게 대하면서 뭐든지 상담할 수 있는 상대가 없으면 스트레스
- ◆ 커뮤니케이션 부족
  ...... 이야기가 통하지 않는 사람을 피해 친한 사람만 사귄다.

타겟 동향 집에서 위안을 느낄 때   20대 여성 2000명 설문조사
- ◆ 메일을 쓸 때
  ...... 기분이 나면 직접 말할 수 없는 것을 전한다.
- ◆ 인터넷을 하고 있을 때
  ...... 항상 접속하며 이쪽에서 정보를 얻을 수 있다.
- ◆ 마사지를 받을 때
  ...... 심신 모두 기분 좋고 치유되는 시간을 소중히 하고 있다.

기획안

메시지	캐치프레이즈	네이밍안
향기로 연결되는 컴퓨터 키트	Just get it!	파핀·루즈

특징	제안	전략
상품의 특징	**이용법 제안**	**광고판촉전략**
◆ 본체는 싸게 판매 프린터의 잉크 카트리지 방식	◆ 향기의 선물 멋진 교제의 조력자	◆ TV 광고 새로운 상품이므로 새롭다는 느낌을 낸다.
◆ 고부가가치 선물용 프리미엄 상품	◆ 운세와 연동 행복한 생활의 조력자	◆ 캠페인 이벤트 감동 메시지 콘테스트 개최
◆ 캐릭터 상품과 제휴 여러 가지 모양으로 제작	◆ 메일과 연동 두근두근하는 메일의 조력자 ◆ 시간과 연동 상쾌한 아침의 조력자	◆ 거리 캠페인 용산역에서 하루 풍입 토크쇼

창업계획서 쉽게 어필하라

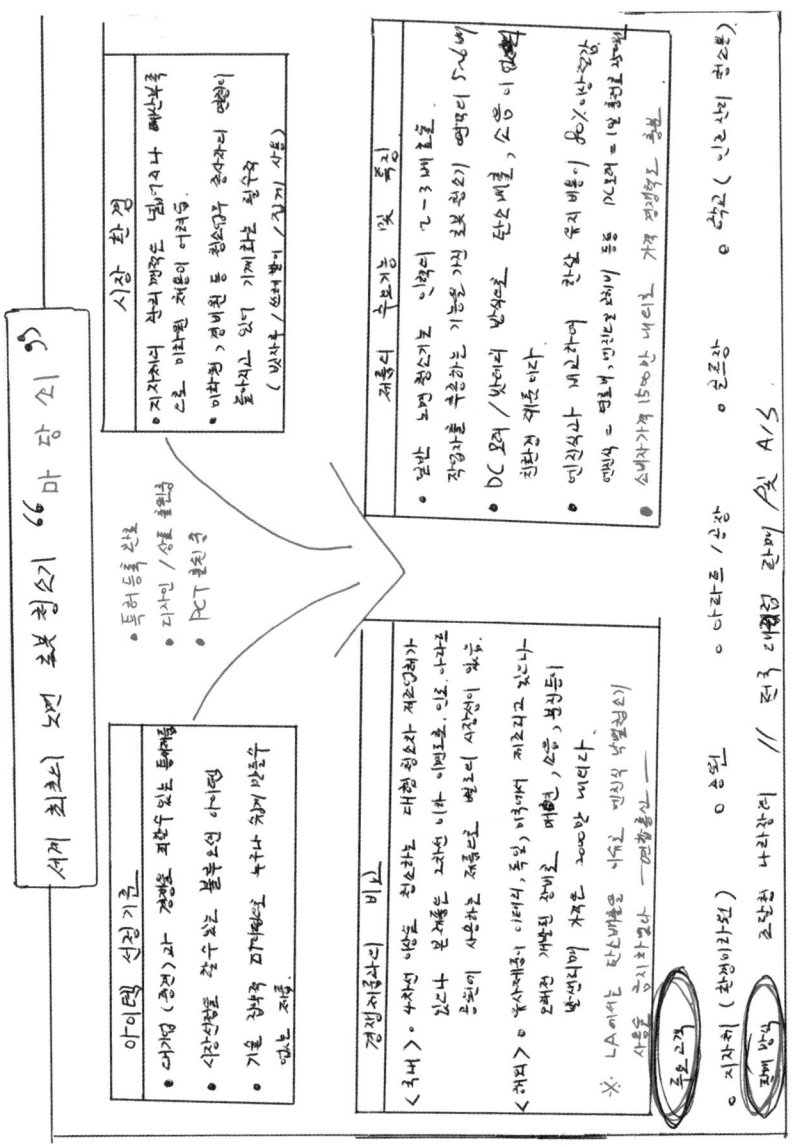

수질 오염 해결을 위한 물 순환 및 유기물 슬러지 배출 장치.

배경
호소 수질 오염 증가
1. 기온 상승
2. 오염 물질 배출 증가.
3. 물의 흐름 전무.
4. 집중적 강우.
5. 악취 발생 및 시흥적 경관 ↓.

시장 동향
민원 해소, 수질 오염 해결
1. 수질 오염 관련 민원 급증.
2. 오염 해결에 대한 시민의 갈망.
3. 호소수를 이용하는 사람 증가
    └ 운동·휴게·동호
4. 수질 오염으로 생태계 파괴
    → 오염의 가속.

메세지 : 오염 물질을 순환시켜 분리 배출시키는 수질 정화 장치

캐치프레이즈 : 소중한 물이 맑고 깨끗하고 푸르게 ~.

네이밍 안 : 생태계 + 회전 날개 ⇒ Eco Wing.

상품 특징
- 유기물 슬러지 배출 가능 (오염 물질 제거)
- 고인 물을 순환시키는 기능
- 경쟁제품 대비 70%대 가격.

구매 방법 제안
- 제품 임대 (수질 관리 용역과 함께)
    └ 초기 부담 비용 절감
- 수질 관리 용역 의뢰 (제품 설치 포함 결정)

마케팅
- 제품 박람회 참가. (환경 기능 관련)
- 오염된 호소에 일정기간 Test 운전을 통해 수질 정화.

◎ 멀티헤드 브랜드 라부머리기 Marketing

과제 : 미용기기 시장의 레드오션화 심화
① 미용기제품에 대한 지속적 소비증가
 (초음파, 흡입제, 온열, 고주파, 갈바닉 etc)
② 다양한 라부머리기 선발적 축시
③ 유사제품 출시로 머리기 시장 레드오션화

↓

고객 : 고객이 요구하는 제품
① 대중성이 있는 제품으로 저가형 개발.
② 직장여성을 타겟으로 하는 중고가형 제품
③ 품질과 기능성 업그레이드 제품 개발.
④ 진동브러쉬(세안) → 클바닉이온 → 진동머리드 (하이데이씨) → LED라이드.
④ 머리기 + 기능성 화장품 S of H

↓

Market 방향
① 준공, 동남아시아.
 성장하는 개발
 연간함등
② 개발 Buyer 다 협력
 구축.
③ 미용 및 성능활용
 • PCT 레이저논스
 • 레이저 가이드 등을
 통해 해외 전문 흡수 받은.
④ 현지 유통제널 확정홀
 하나 협업 접속

↗

본제품의 특징
① 누구나가 저렴한 가격 구입가능아
 차선의 라부머리 방지
② 사안 에서 하우데이씨 까지를
 한계로 가능한 라부머리기 이다
③ 고가의 라부머리실 이용보다 차선이
 기반에 ~~그~~ 그리고 저고조하게
 라부머리 가능 하다.

피라미드 스트럭처로
문서를 구조화하라

좋은 문서의 기본 조건은 3가지이다.

첫째, 결론이 분명하게 나타나야 한다.
둘째, 결론에 도달하게 된 이유나 근거가 명확해야 한다.
셋째, 이유나 근거를 사실 데이터로 입증해야 한다.

Pyramid Structure를 보자.
최상단인 메인 메시지에 가장 중요한 결론이 나타나 있다. 결론에 도달하게 된 이유나 근거가 두번째 단계인 키 라인 메시지에 나타난다. 맨 하단에는 키 라인 메시지를 입증하는 실제 데이터가 들어간다.

따라서 Pyramid Structure를 사용하면 좋은 문서의 기본 조건을 갖추는 것이다. 여기서 문서를 작성할 때 어떻게 전개할 것인가 하는 것이 중요하다. 즉, 문제-원인-대책으로 할 것인지 현상-목표-대책으로 할 것인지 흐름을 잘 잡아야 한다. 이것은 키 라인에 나타난다. 따라서 키 라인 전개가 문서의 유형이나 특징을 보여준다.

사업계획서의 큰 전개는 니즈-솔루션-액션 플랜이다.
니즈라는 것은 고객이나 회사 또는 사회에서 당신이나 당신의 조직에게 요구하는 것이다. 고객의 니즈가 될 수 있고, 상사가 원하는 과제일 수도 있고, 회사의 문제일 수도 있다. 니즈 안에 들어갈 수 있는 것은 니즈, 배경, 현상, 목표, 방침과의 차이, 문제, 원인 등이 있다.

솔루션은 니즈에 적합한 해결방향이다. 아무리 좋은 솔루션이 있어도 니즈에 적합하지 않으면 소용 없다. 솔루션에 들어갈 수 있는 항목은 전략방향, 해결방향, 목표, 콘셉트, 해결방안 등이 있다.

액션 플랜은 솔루션을 실행할 때 어떻게 실행할 것인지 구체적인 활동 계획이다. 액션 플랜에는 실행 계획, 장애 요소에 대한 대책, 예산, 기대 효과, 당부사항 등이 포함된다.

〈기획서 전개 방법〉

```
                    결론(목적)
           ↗           ↑           ↖
         니즈    →   솔루션   →   액션 플랜
          │           │            │
        ─ 니즈       ─ 전략방향    ─ 실행계획
        ─ 배경, 현상  ─ 해결방향    ─ 장애요소에 대한 대책
        ─ 목표 방침과의 차이  ─ 목표  ─ 예산
        ─ 문제       ─ 콘셉트      ─ 기대 효과
        ─ 원인       ─ 해결방안    ─ 당부 사항
```

이 모든 것이 문서에 다 들어가는 것은 아니다.

아래 그림저럼 문제-원인-해결방안으로 기획서를 만들 수도 있다. 니즈에 문제와 원인 두 가지 항목이 들어가고 솔루션에는 해결방안이 들어가고 액션 플랜은 생략되었다. 물론 액션 플랜을 넣을 수도 있다.

〈문제-원인-해결방안 전개 예시〉

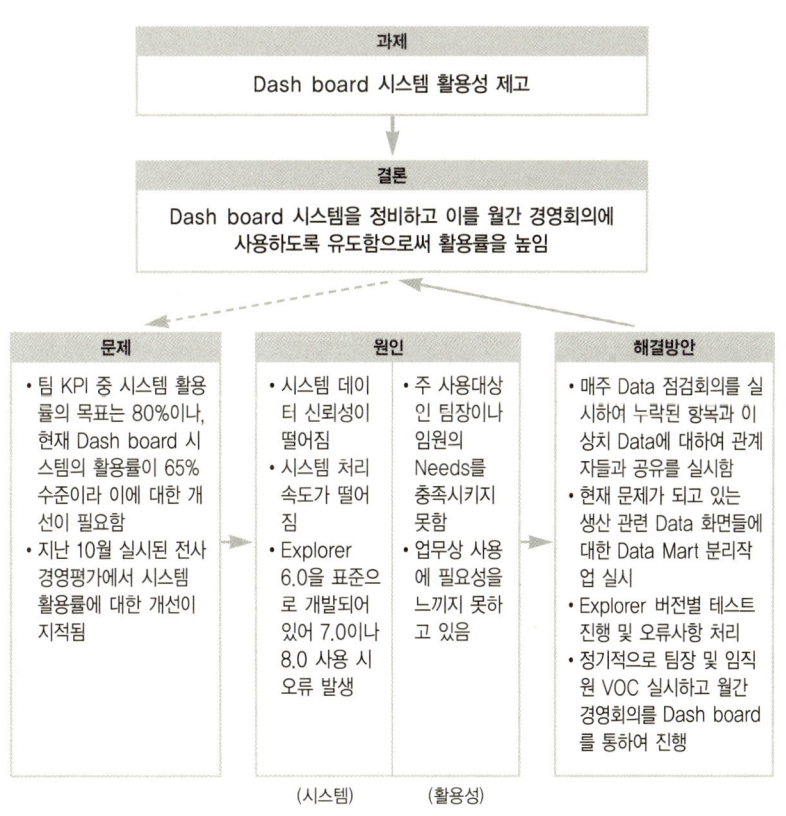

아래 그림은 현상-전략방향-해결방안으로 전개하였다. 솔루션에 두 가지 항목을 사용하였다.

〈현상 - 전략방향 - 해결방안 전개 예시〉

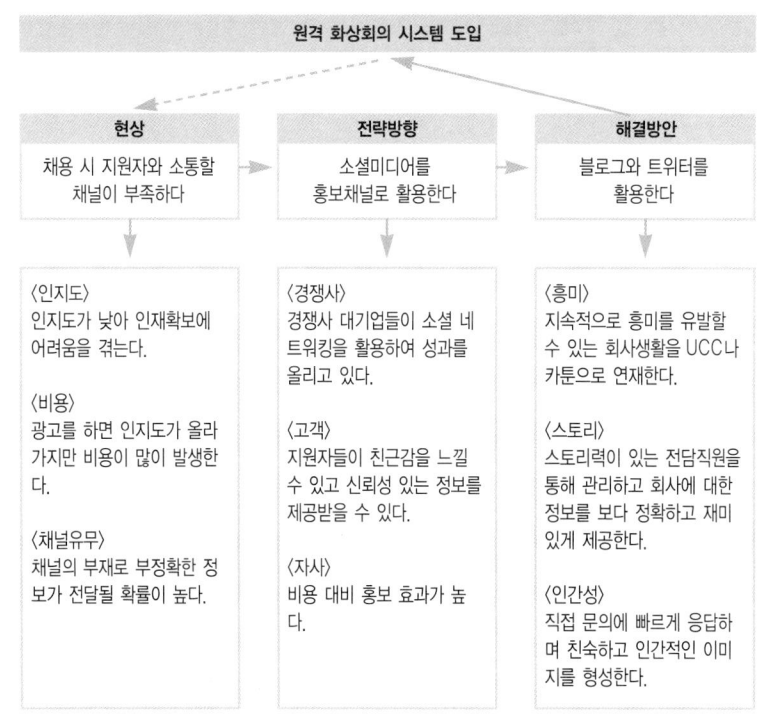

회사에서 사업을 제안할 때 사업현황-전략방향 신사업-실행방안으로 전개하였다.

현상-해결방안-실행계획-예산 등으로 구성할 수도 있다.

〈사업현황 - 전략방향 - 실행방안 전개 예시〉

결론
캠핑여행에 대한 수요가 증가하고 있으나 콘텐츠가 다양하지 못해 고민하고 있는 캠핑족들에게 고객 맞춤형 캠핑여행 비즈니스를 제안함

사업현황
기존 아이템으로는 성장에 한계

전략방향
캠핑사업으로 한계 돌파

실행방안
4P 관점에서 체계적으로 준비

〈고객〉
· 국내 여행업계가 성숙기 시장에 진입하고 있음
· 캠핑여행 수요 증가

〈경쟁사〉
· 저가 여행상품 공략으로 M/S 확대하고 있음

〈자사〉
· 업계 1위 고수가 어려운 상황임

〈고객〉
· 캠핑에 대한 관심이 늘어나면서 캠핑족이 증가하고 있음
· 캠핑 관련 콘텐츠가 다양하지 않음

〈경쟁사〉
· 캠핑 여행상품은 출시되었으나 예약률 낮음
· 맞춤형 캠핑 여행상품 미출시됨

〈자사〉
· 브랜드 인지도가 높음
· 맞춤형 캠핑 상품 출시로 업계 1위 자리를 고수하고자 함

〈제품〉
· 고객맞춤형 캠핑 여행상품 국내 최초 출시
· 캠핑 일정, 레시피 게임 매뉴얼 무상 제공(내용 전문가)
· 캠핑 용품 렌털 서비스 제공

〈가격〉
· 현지업체 및 캠핑 용품업체와 연계하여 가격 경쟁 확보

〈유통·판촉〉
· 자사 홈페이지 및 대리점 판매
· 캠핑 용품업체와 제휴하여 오프라인 판매 형성
· 캠핑 여행기 공모하여 캠핑카 무상 렌털 제공

고객에게 비즈니스를 제안할 때 고객 니즈–솔루션–적용방법 또는 실행방법으로 전개할 수 있다.

〈고객 니즈–솔루션–적용방법 전개 예시〉

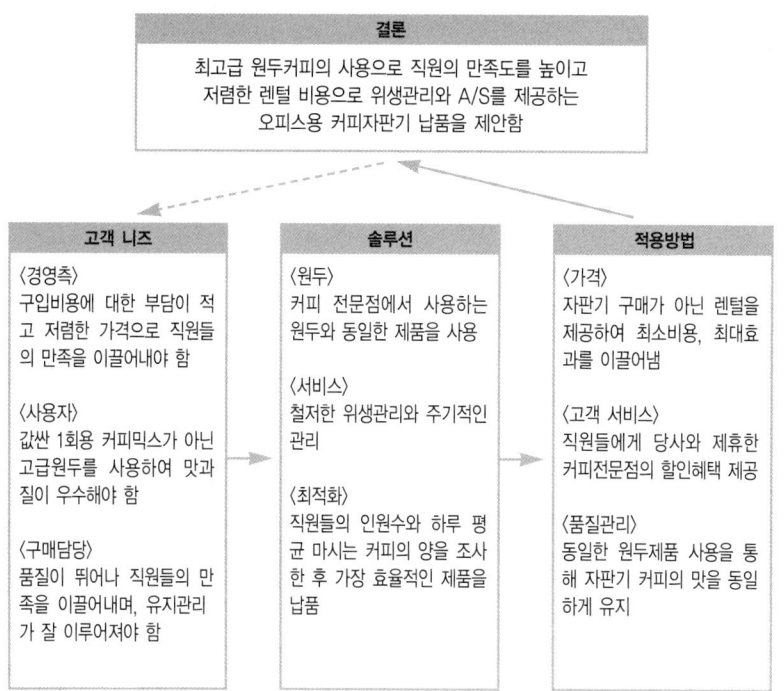

따라서 기획서 유형에 따라 필요한 키 라인을 전개하면 된다. 한 번 더 강조하지만 큰 전개는 결국 니즈–솔루션–액션 플랜이 된다.

BUSINESS

Mock up으로
패키지 문서를 설계하라

Pyramid Structure를 구성한 후 이를 기반으로 문장을 작성하여 1Paper를 만든다.

결론인 A를 제일 상단에 놓고 순차적으로 배치하며 라이팅해 나간다. 보통 Pyramid Structure로 문서를 만들면 역피라미드가 된다.

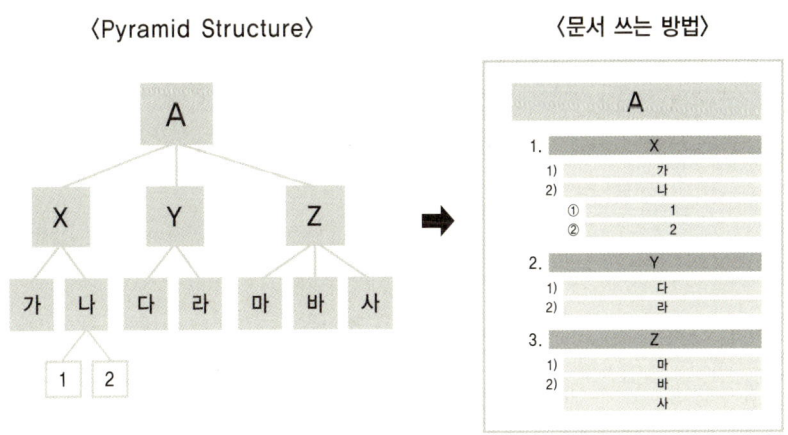

TV 드라마 '제빵왕 김탁구' 이야기다.

김탁구가 갑자기 CEO가 되었다. 직원들이 사장실에 가져다 놓은 엄청난 양의 경영 자료에 파묻혀서 자료와 씨름하느라 고생한다.

그러던 어느 날 아침, 출근하자마자 비서실에 지시한다.

"여기에 있는 자료를 모두 치우세요. 그리고 그림으로 그려서 보고하세요. 그래야 쉽게 이해되니까…."

맞다. 그림으로 그려서 설명하면 상대가 쉽게 이해한다. 글로만 되어 있는 것보다 그림으로 되어 있는 차트가 상대를 설득하기 쉽다. 그래서 차트 문서를 만드는 것이다.

그러나 한 장 한 장 차트 문서를 만들기 전에 패키지 보고서 전체를 설계할 필요가 있다. 이를 Mock-up 패키지라고 한다.

Mock-up은 비행기나 자동차 따위를 개발할 때 각 부분의 배치를 보다 실제적으로 검토하기 위하여 제작하는 실물 크기의 모형이다.

Mock-up 패키지는 데이터가 들어가지 않은 상태에서 전체 보고서를 대략적으로 만들어보는 것이다. 따라서 Mock-up 패키지는 실제 장수만큼의 초안 보고서 패키지를 만든다.

아래 그림은 Pyradmid Structure를 활용하여 전체 텍스트를 작성할 수 있다. 이것을 첫째 장으로 해서 둘째 장에는 챕터별로 서브 텍스트를 작성할 수 있다. 이 서브 텍스트를 활용하여 1장씩 비주얼 차트를 작성할 수 있다. 이때 중요한 것이 헤드 메시지다. 전체 텍스트와 챕터별 서브 텍스트 그리고 차트별 헤드 메시지는 일관성을 가지고 있다. 즉, 거의 동일한 문장이 이어지고 있다.

문서 순서도 전체 텍스트가 1페이지, 첫째 챕터의 서브 텍스트가 2페이지, 그 밑에 있는 항목이 차트로 이루어지면서 3, 4, 5페이지로 전개된다. 둘째 챕터의 텍스트가 6페이지가 된다. 그 아래의 항목이 2개면 7, 8페이지가 된다.

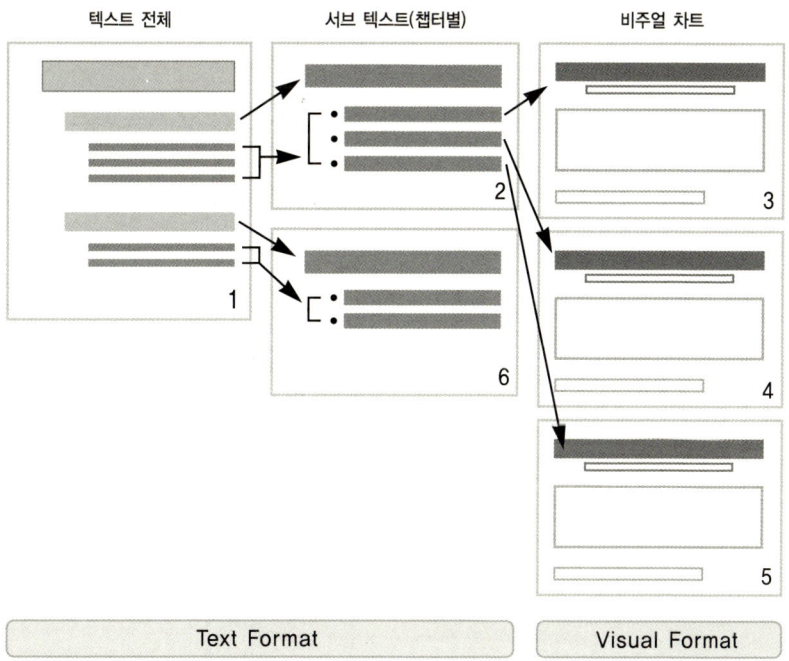

〈Mock-up 패키지 전개〉

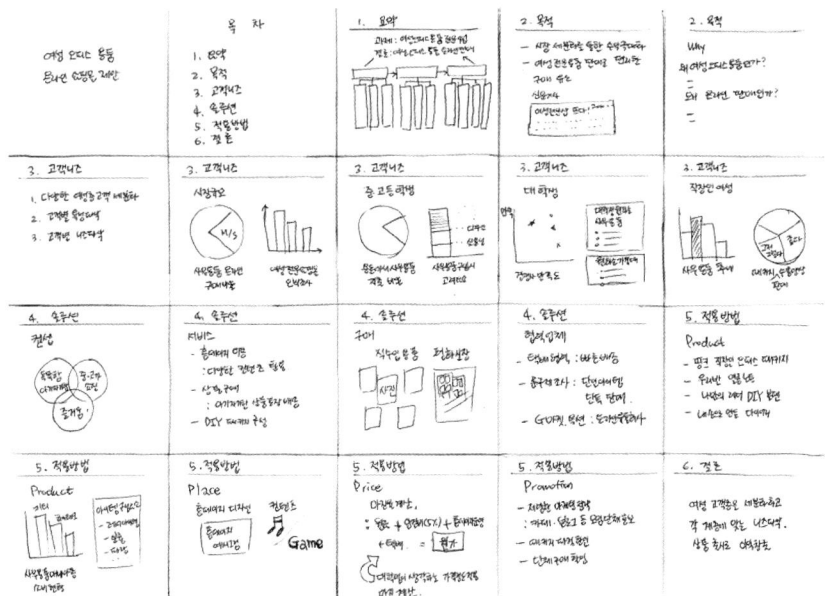

위 그림은 Pyradmid Structure를 보고 A4 용지에 연필로 그린 실제 Mock - up 패키지이다. 20장으로 패키지를 구성하고 각 차트마다 어떤 내용이 들어갈 것인지 대략적으로 그려본 것이다.

제 6 장

사업계획서 작성 사례

〈액티브 후드 리피트 시스템〉

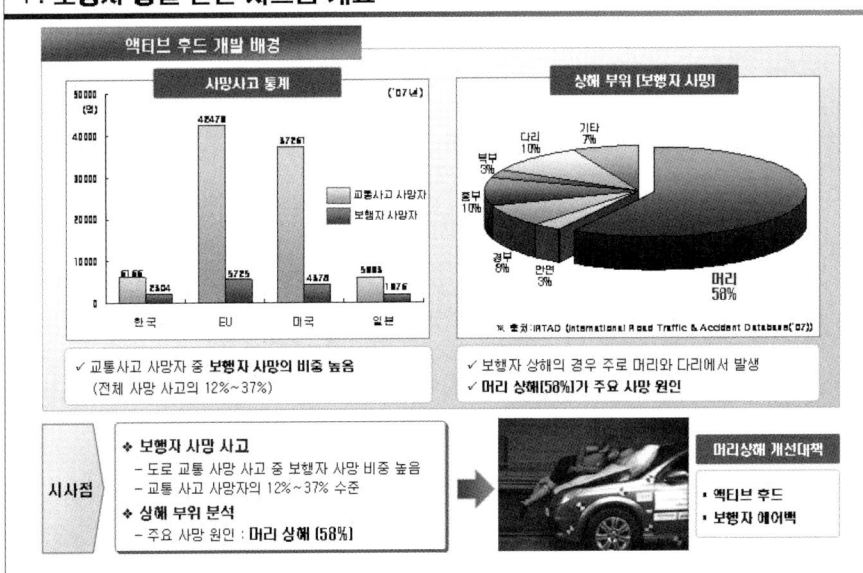

I. 보행자 충돌 안전 시스템 개요

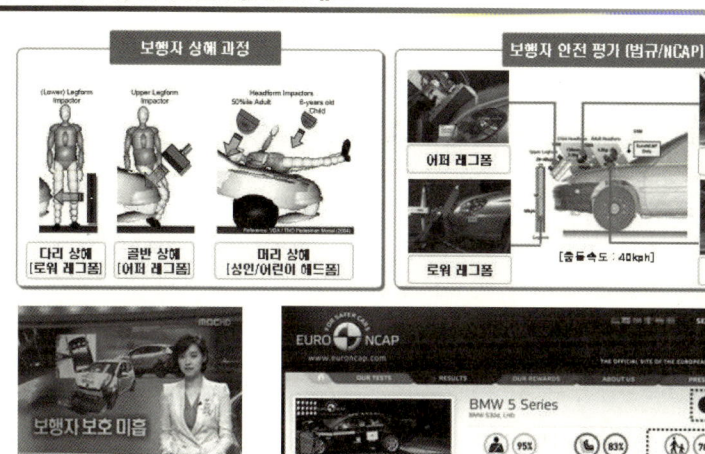

II. 시스템 정의

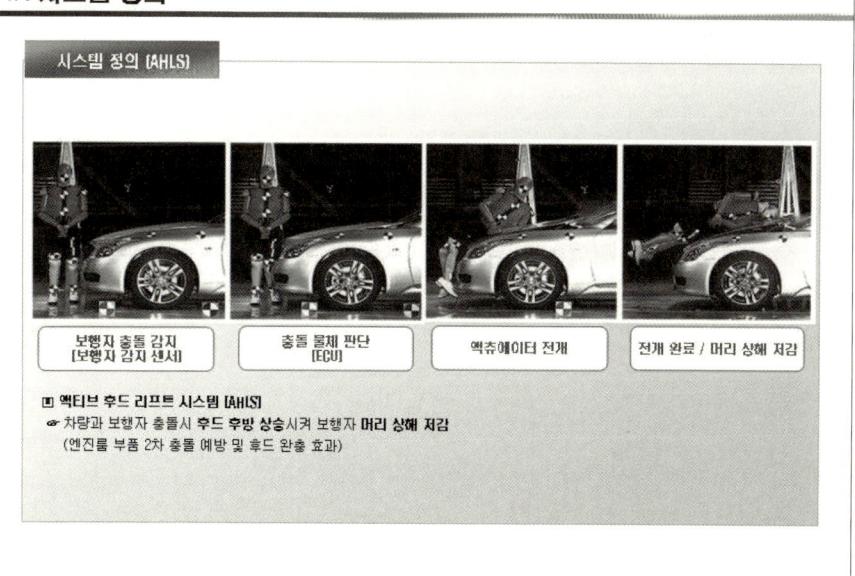

- 액티브 후드 리프트 시스템 (AHLS)
- 차량과 보행자 충돌시 후드 후방 상승시켜 보행자 머리 상해 저감
  (엔진룸 부품 2차 충돌 예방 및 후드 완충 효과)

III. 목표 시장 분석 및 진입 전략

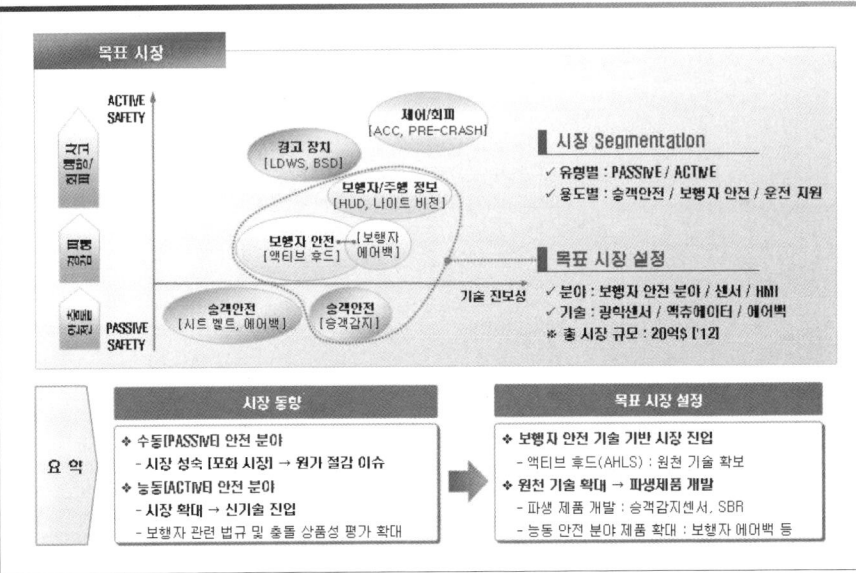

III. 목표 시장 분석 및 진입 전략

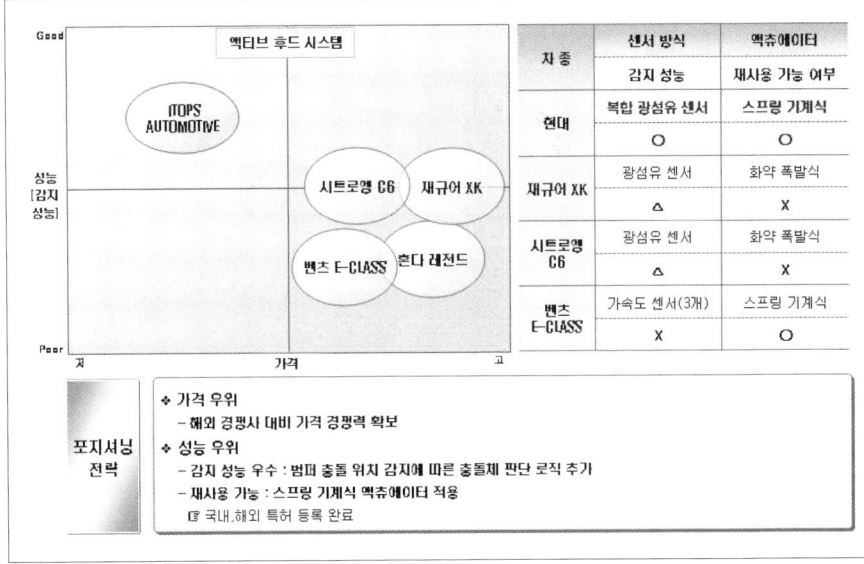

IV. 사업화 계획

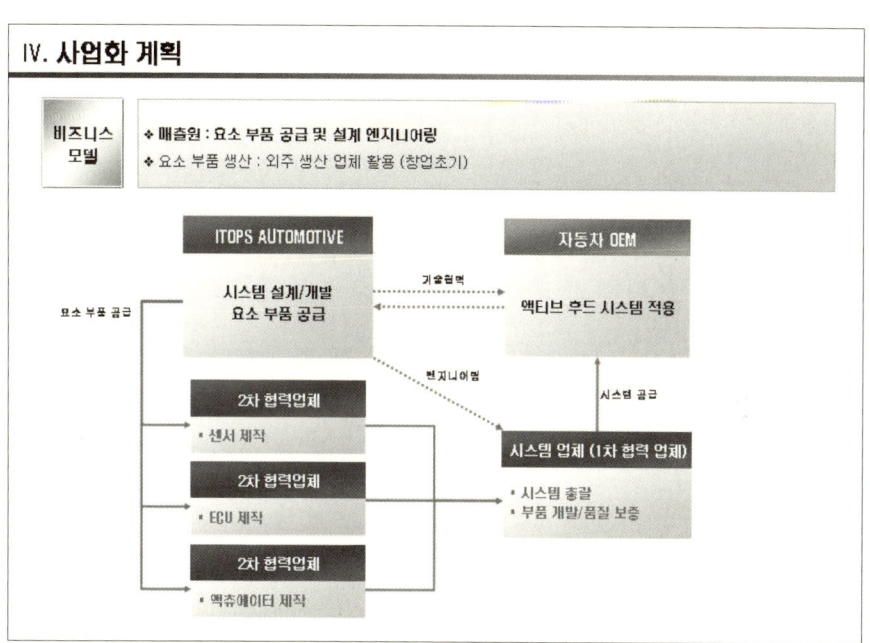

〈ParTECH21〉

중소기업과 함께 디지털 경제를 선도하는
Intelligent e-Business Partner

ParTEC21

사업 목적

ParTEC21은 산업기자재 분야의 종합적인 구매 네트워크를 구축하는 것을 목적으로 설립된 전문 B2B e-Market Maker로서
- 기업의 전자상거래 활성화
- 참여 기업간의 Cyber Community 활성화
- 기업의 생산성, 효율성, 투명성 제고

등을 통해 궁극적으로 참여 기업의 경쟁력 확보와 기업가치를 증대 시키는 것을 사업의 주 목적으로 한다.

사업 개요

ParTEC21은
- 산업기자재 분야 **e-Marketplace**를 구축/운영하고
- 공급자들의 제품에 대한 전자 카타로그를 제작/확보하고
- 참여 업체들의 **community**를 구축하고
- 이를 바탕으로 산업 기자재 분야 중소업체들과 구매자간의 구매 네트워크를 구축 운영하므로서

산업기자재 분야의 **e-Market Maker**의 역할을 수행한다

1. 사업 내역

창업계획서 쉽게 어필하라   153

1.1. E-Marketplace 구축/운영

- 산업기자재 분야 기업 및 제품 정보와 전자 카타로그를 바탕으로, 국내 기업의 비즈니스 환경에 적합한 eMarketplace solution을 자체 개발
- 견적 및 주문, 경매, 역경매, 공동구매, 전문점 등 다양한 구매 기능 지원
- 물류 및 배송, 지불, 인증, Escrow Service 등 지원 기능 제공
- 외부 전문 업체와의 협력을 통한 산업기자재 이외 물품에 대한 구매 지원(사무용품, 선물용품 등)

1.2 전자 카타로그 확보

- 전자 카타로그
    - 제품에 대한 상세한 정보 제공
    - 업체 홈페이지 역할 수행
    - 입점 업체에서 직접 상품정보 추가/삭제/변경이 가능
    - 표준화 된 형식의 제공으로 구매자에 물품 정보 검색의 편의성 제공
- 대량의 카타로그를 손쉽게 제작할 수 있고 상거래 시스템과 연계가 가능하도록 "카타로그 저작 시스템"을 자체 개발
- 오프라인 조직을 활용하여 eMP 입점 계약 업체 확보
    - 현재 4000여 업체 (20XX년말 12000업체)
- 입점 계약 업체의 전자 카타로그 무료 제작 및 Hosting
    - 20XX년 신규 입점 업체부터는 유료 Hosting 으로 전환 예정

1.3 Community 구축

- 다양한 정보 제공 및 상호 정보 교류를 통한 고객 **Royalty** 확보 및 고객 간 협력을 증진시키도록 한다.
- 정보 제공 (중소 기업 지원센터)
    - 신상품 정보 및 신기술 정보제공
    - 중소기업 경영지원 (정부정책, 세무회계, 기업컨설팅, 산학협동 외)
- 다양한 **Community** 구성
    - 전문점 참여 업체를 중심으로 한 분야별 모임(**72** 업종/**30**여 전문점)
    - 지역 협력체계 구축을 위한 지역 모임(**20**개 지역)
    - 취미나 기타 공통관심사를 교류할 수 있는 모임
    - 오프라인 마케터를 모임 활성화 요원으로 활용
- 이를 바탕으로 공동 자재 구입이나 공동 사업 추진 등 실재적인 협업(**Collaboration**)이 가능하도록 유도

1.4 구매 네트워크 구축

회원 업체들의 구매 네트워크인 **Supply Network Management center** 를 구축, 부품 및 원자재 관련 상시 기업 구매 대행 서비스를 제공하여
- **B2B** 커뮤니티 형성과 전자상거래의 활성화를 도모
- 참여사들의 구매 능률 향상 및 가격 절감

기능을 수행한다.

1차 참여대상은 전문점 입점 업체들이며, 향 후 회원사를 확대해 나가도록 한다.

2. 시장 분석

2.1 시장 동향

- 국내외 전자상거래 시장은 B2C에서 B2B로의 급격한 변화
- B2B 시장 규모가 전자상거래 전체 시장의 **80%** 이상 차지, 작게는 기업 크게는 산업 전체의 경쟁력이 변화

국내 동향
- 8월 중순 현재 170개 이 마켓 구축
- 정부 B2B 육성 지원책 지속적 제시
- 기업의 경쟁력 강화 E-전략 채택확산
- 불특정 판매자, 구매자 참여하는 N:N 방식의 공동 e-Marketplace확산
- Off-line 기업 제휴통한 B2B 진출

국외 동향
- 적과의 동침, '그룹의 EC체제 전환'/ 예) GM, 포드 등 B2B 마켓 공동 구축
- B2C 기업 에서B2B 시장 진출 예) 야후
- 다양한 업종의 동시다발적 이마켓 출현
- 폐쇄적인 EDI서 인터넷 B2B기반 전환

산업자원부, 8월 현재국내 1백70개의 전자상거래(B2B) 중 24개 사이트 실제 거래-(주)파텍21 선두그룹 (중앙일보,8,18)

Partec21.com

- 20XX년11월 B2B 시장진출 (중소기업 산업기자재 부분 선두)
- Off-line 배경으로 On-line 진출
- 중소기업 산업기자재 틈새시장공략
- 산자부, 중기청의 각별한 기대속에 사업 진행(설문, 표준화 공동추진)
- 미국 e-bay와 비슷한 유형 사업

2.2 고객 분석

고객 구분	고객 특성	고객 기대사항
대기업	• 기존 하청업체를 전산화 작업 • 개별 이익추구로 컨소시엄결성 비 효율화 • 기존 유통질서 및 시장 잠식 우려	• 다양한 구매채널 확보 • 신규 판매채널 확보 • 기업경영혁신 및 투명한 구매 문화 형성
중견기업 중소기업	• 자금, 정보화 전문가 부족 • 경영자 인식, 인터넷 인프라 부족 • Off Line 강하나 신규 구매시장 창출 미흡	• 하청업체 탈피 독자적 판매 채널 확보 • 신제품, 악성재고 판매의 채널확보 • 인터넷 인프라 보유로 경쟁력 제고
4,000여 제휴사 50,000 업체 DB	• 신규 및 유휴시설의 판매 욕구 • 판매자인 동시에 구매자 관계 형성 • 신규 사업 진출 기대	• 제품 판매의 다양한 채널 확보 • 인터넷 인프라 구축비용의 절감 • 자사제품의 홍보 및 판매로 경쟁력 제고
학교, 관공서, 해외, 기타 등등	• 정보화 인프라 완비 • 구매비용절감 효과 기대 • 국내 인터넷 시장 진출 발판 모색	• 정부의 인터넷 권유로 인터넷 구매 이용 • 구매 유통구조 단순화 일조 • 외국사의 국내 생산품 구매 접근이 용이

2.3 시장 규모

1) 산업기자재 시장의 규모

구 분	20XX년			20XX년					
	상반기	하반기	연간	상반기		하반기		연간	
				당초	전망	당초	전망	당초	전망
산업기자재 분야	14조	15조	29조	16조	16조	16조	18조	32조	35조

(산자부 : 산업별 실제 경제동향 및 하반기 전망, 20XX. 7월)

2) 시장규모의 증가

구 분	19XX년			20XX년					
	상반기	하반기	연간	상반기		하반기		연간	
				당초	전망	당초	전망	당초	전망
증감율(%)	-1.7	18.9	8.1	-1.7	18.9	-1.7	18.9	11.2	18.9

○ 상반기 생산 증가율 : 20.8% 증가   ○ 하반기 생산 증가율 : 17.6% 증가 예상

2.4 중소 기업 B2B 사업의 필요성

- 상거래 프로세스의 단순화로 인한 원가의 절감 (구매·판매비용의 **2~40%** 절감)
- 자재 및 판매관리의 관리의 효율
- 새로운 판매채널 확보 (경매, 역경매, 공동구매 등의 서비스 요구 증가)
- 비즈니스 기회 확대 (글로벌시장과 연계, 신규 구매자, 판매자 확보)
- 네트워크 시너지 효과 증대 : **Metcalfe's law** (네트웍 효과 = 참여자 수의 제곱)

기업간 전자상거래(B2B)=Partec21

중소기업

정보화 인프라 미흡
전자상거래 전문 인력, 자금 부족
악성재고, 판매유통구조 악순환, 신규시장 창출 고전

3. 경쟁력 분석

3.1 Partec21의 강점

구 분	강 점
인 력 역 량	•17년간 산업기자재 업체 및 상품정보의 가공 노하우(Off Line) •삼성 SDS 출신의 개발진
마 케 팅	•4000여 판매기업 및 1만여 구매기업 확보 •업체정보 및 상품정보의 실시간 수집 및 가공 •업체와의 일대일 타켓 마케팅가능(Direct Marketing)
상거래 시스템	•5만여 업체정보, 10만여 품목의 디렉토리 서비스 •4,000여사의 업체정보 및 상품정보의 전자카탈로그화 •경매, 역경매, 공동구매, 파텍21추전경매 등 다양한 판매채널 •구매자를 위한 견적 수발주시스템 구축 •디지털 가상 산업용품 전문점 구축(20XX말 5개점 오픈 목표)
신 뢰 도	•중기청 전자 상거래 컨소시엄 회원사 •산자부 전자상거래 연합회 E-market place 회원업체 •중소기업 전자상거래 실태조사 설문실시 (산업자원부) •전자상거래 분야 국내 최초 우수 벤처기업 (기술신용 보증기금) •디지털 산업단지 시범사업 컨소시엄 참여 (안산시화)
수 상 경 력	•B2B 부문 eTrust 인증 (산업자원부, 전자거래진흥원) •정통부 전자상거래대상 B2B 부문 최우수업체 선정

EC Award '2000

3.2 SWOT 분석

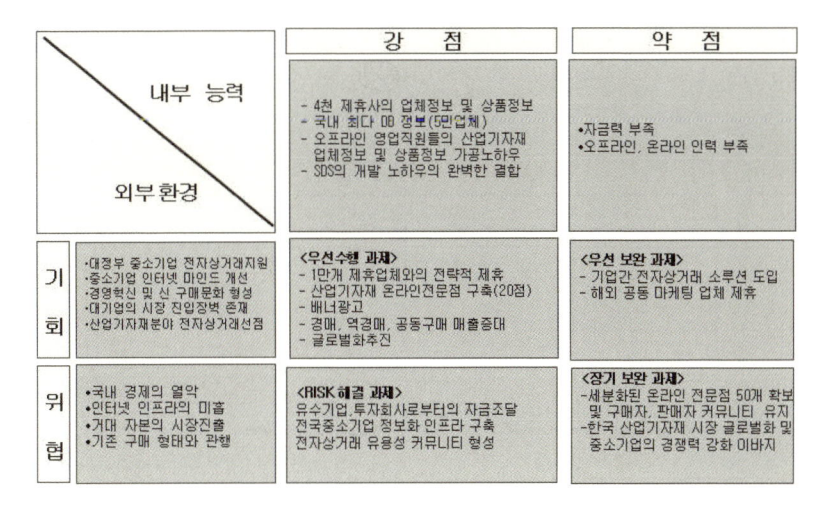

창업계획서 쉽게 어필하라   159

3.3 경쟁사 분석

- **B2B 마켓플레이스는 현재 초기 단계, 파텍21이 선두주자**
- **유사서비스 제공 경쟁사들이 약간 존재하나 대부분 실거래가 미비하고 실재 데이터 부족**

	Partec21	메크로21	알리바바코리아
URL	partec21.com	Macro21.com	kr.Alibaba.co.kr
개요	산업기자재 마켓플레이스	산업용품	무역서비스
회사	㈜파텍21	㈜메크로21	㈜알리바바코리아
분류체계	70개 업종	5개 대분류	27개 제품 분류
지역분류	20개 지역	X	X
데이터 수	5만여 기업	3만기업	
회사 프로파일	O	O	O
전자카탈로그	4000기업	1100기업	X
기업체 홈페이지	링크 및 호스팅	링크만제공	링크만제공
부가정보	구인구직, 신제품정보, 무역	기술자료실	무역서비스
회원제	O	O	O
ASP	제공예정	X	X
경매, 역경매	O	O	O
검색기능	O	O	O
제품명 검색	O	O	O
주소검색	O	X	X
대표자 검색	O	X	X
프로필 검색	O	X	X
온라인전문점	O	X	X
오프라인 유무	업계 최고 수준 마케터	전화 영업	X

3.4 Market Position

- ParTEC21은 국내 B2B 업체 중 공급자와 구매자 확보 부분에서 국내 최대
  (4000여 공급기업, 11000 구매기업)
- 산업기자재 분야 community 활성화 부문에서도 국내 선두
- eMP기능에 필요한 거래기능은 충분하나, eProcurement 면에서는 부족

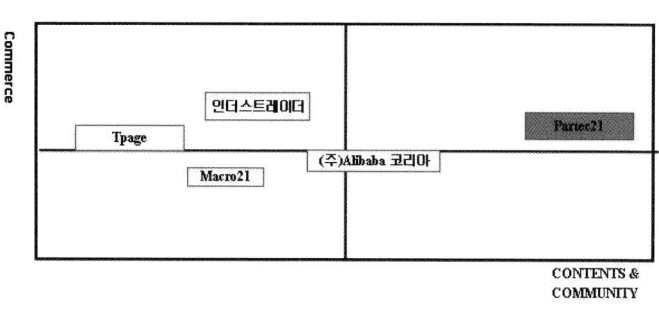

4. 단계별 사업 추진전략

4.1 단계별 사업전략

	Stage 1 20XX. 1. – 20XX. 12	Stage 2 20XX. 1. – 20XX. 12	Stage 3 20XX. 1. – 20XX. 12
eMP 구축/운영	eMP 솔루션 자체 개발 견적 및 주문 처리기능 추가 카테고리 전문점 개발 Escrow Service	산자부 추진 전자어음 지불결제 시스템과 연동 구매네트워크 시스템과 연동 대기업 MRO Service와 연계 타 eMP들과의 연계	Back Office 지원기능 추가 (ERP, Procurement system, ..) 외부 전문 솔루션 도입 (XML 지원기능)
전자 카타로그 확보	카타로그 제작 지원 시스템 개발 전국 20개 지역, 72개 분류에 맞추어 입점업체 확보 오프라인 마케터 양성 무료 카타로그 제작 및 지원 목표 : 5000여업체	카타로그 제작 지원시스템을 XML 기반으로 전환 디지털 산업단지 컨소시움 활용 납품업체 총람 책자 발간 로드쇼 및 마케터 적극 활용 카타로그 제작 및 지원 유료화 목표 : 누적 10000여 업체	구매 시스템에 카타로그 제공 목표 : 산업자재 분야 업체 중 40%의 카타로그 확보
커뮤니티 구축	초기 마케터 중심 운영 전문점을 중심으로 업종 커뮤니티 육성 다양한 정보제공 및 컨설팅 적극적인 홍보	동호회 운영 전문점 커뮤니티 강화 ASP Service (Groupware)	커뮤니티 중심의 협력관계 구축 협력을 지원할 수 있는 기능 개발 공동 마케팅 및 물류 등 지원
구매 네트워크 구축	전문점 입점업체 중심으로 초기 준비 작업 마케팅 고난전 제휴업체 확보	전문점 커뮤니티 중심으로 구매네트워크 참여업체 확보 참여업체에 시스템 및 솔루션 제공 부품 공동구매 시작	구매 네트워크 확산기 부품 및 자재 등의 상시구매 기능 지원

4.2 단계별 R&D 전략

Stage 1 20XX. 1. - 20XX. 12	Stage 2 20XX. 1. - 20XX. 12	Stage 3 20XX.1. - 20XX. 12
eMP 솔루션 자체 개발 - 카타로그업체/제품 검색 -견적 및 주문 처리 -경매/역경매 -Escrow Service 카테고리 전문점 표준 플랫폼 개발 -제품 분류 및 관리 -제품 상세 검색 전자카달로그 표준 위저드 개발 - 제작 및 관리 기능 영업지원 시스템 개발 -베너 영업 지원	eMP 솔루션 기능 확장 -산자부 전자어음 시스템과 연결 -외부 솔루션 도입 구매네트워크 시스템 표준 모델 개발 XML을 이용한 전자 카타로그 변환 모델 개발 ASP Service 플랫폼 개발 - PIMS 기반 그룹웨어 기능	eMP 솔루션 기능 확장 Back Office 지원기능 추가 -ERP -Procurement system 파텍 Market global place 구축을 위한 인프라 설계, 개발 파텍 자체 네트워크 구축 및 솔루션으로 회원사 연결

4.3 수익 모델

- **eMarketplace**
  - 거래 수수료 (**20XX**년:무료, **20XX**년:1.5%)
  - 경매/역경매 수수료 **(3%)**
  - 제휴 전문업체 – 수수료 (예: **iffice)**
  - 베너 광고 (베너당 **10**만원/월)
- 전문점
  - 거래 마진
- 카타로그
  - 호스팅 및 관리비
  (**20XX**년 입점업체:무료, **20XX**년 유료 전환:월**4**만 예정)

5. 재무 계획

5.1 매출계획

단위 : 백만원

구 분	20XX년 7.~12.	20XX년	20XX년	20XX년	20XX년
I. 산업정보지					
매 출 액 (1)		1,440	1,680	1,920	2,160
매 출 이 익 (2)		936	1,092	1,248	1,404
II. 수발주연계지원센터					
배너광고매출이익 (3)	600	3,600	7,200	8,400	8,400
III. Power구매센터					
일반 경매	5	18	27	36	45
추천 경매	15	60	90	120	150
역 경 매	30	120	180	240	300
공동 구매	15	60	90	120	150
매출액 (4)	65	258	387	516	645
IV. 온라인 전문점					
거 래 액 (5)	5,000	40,000	160,000	640,000	1,440,000
매 출 액 (6)	150	1,200	4,800	19,200	43,200
V. SNM Center					
거래액 (7)	-	25,000	100,000	225,000	400,000
매 출 액 (8)	-	750	3,000	6,750	12,000
VI. 거 래 액 계	5,665	70,298	269,267	875,836	1,851,205
VII. 매출액계	815	7,248	17,067	36,786	66,405
VIII. 매 출 이 익 계	815	6,744	16,479	36,114	65,649

5.2 대차대조표 및 손익 계산서

5개년 추정 대차대조표

단위 : 백만

	20XX	20XX	20XX	20XX	20XX
유동자산	514	5,029	13,476	35,361	77,124
고정자산	747	2,105	4,307	6,795	9,879
자산총계	1,261	7,134	17,783	42,156	87,003
유동부채	0	0	0	0	0
고정부채	0	0	0	0	0
부채총계	0	0	0	0	0
자본금	1,000	1,200	4,000	4,000	4,000
자본잉여금	1,000	2,800	0	0	0
이익잉여금	-739	3,134	13,783	38,156	83,003
자본총계	1,261	7,134	17,783	42,156	87,003

5개년 추정 손익 계산서

단위 : 백만

	20XX	20XX	20XX	20XX	20XX
매출액	815	7,248	17,067	36,786	66,405
매출이익	815	6,744	16,479	36,114	65,649
일반관리	1,604	1,660	2,261	3,282	4,954
연구개발	300	600	1,000	1,500	2,000
경상이익	-1,089	4,484	13,218	31,332	58,695
법인세	0	1,211	3,569	8,460	15,848
당기순익	-1,039	3,273	9,649	22,872	42,847

5.3 현금 흐름표

5개년 추정 현금 흐름표

단위 : 백만

과 목	20XX	20XX	20XX	20XX	20XX
I 영 업 활 동					
영업이익	815	6,744	16,479	36,114	65,649
매입 및 종업원에 대한 유출액	1,604	1,660	2,261	3,282	4,954
법인세	0	1,211	3,569	8,460	15,848
II 투 자 활 동					
기계장치의 취득	297	758	902	988	1,084
토지의 획득	100	0	300	0	0
연구개발비의 지급	300	600	1,000	1,500	2,000
III 재 무 활 동					
보통주의 발행	1,500	2,000	0	0	0
배당금의 지급					
IV 현금의 증가(감소)					
V 기초의 현금	500	514	5,029	13,476	35,361
VI 기말의 현금	514	5,029	13,476	35,361	77,124

⟨ Food 사업계획서 ⟩

Food 사업계획서

Contents

1. 사업배경 및 개요
2. 아이템
3. 시장 환경 분석
   1) 국내외 외식 시장 현황
   2) 경쟁사분석
   3) 시장 환경 분석
4. 사업 전략
   1) targeting
   2) conception
5. 투자계획
6. 상권
7. 일정계획표

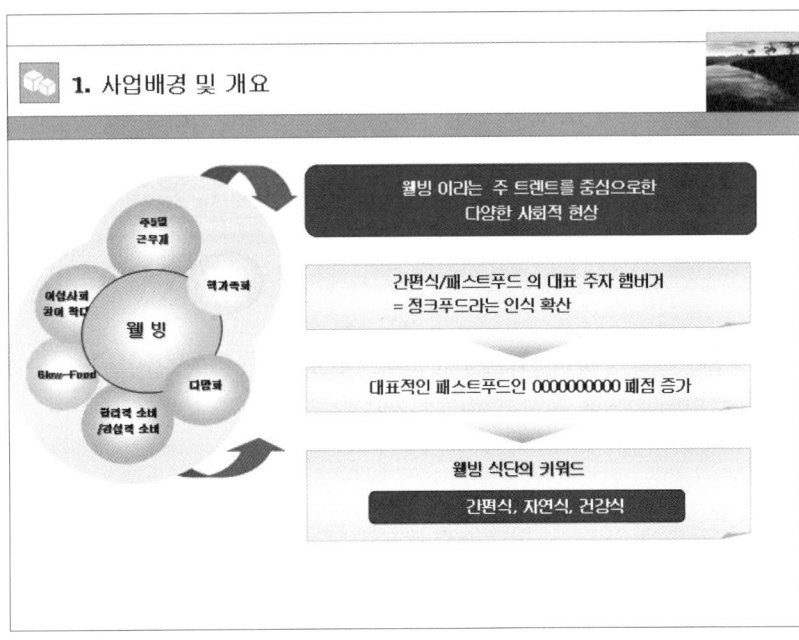

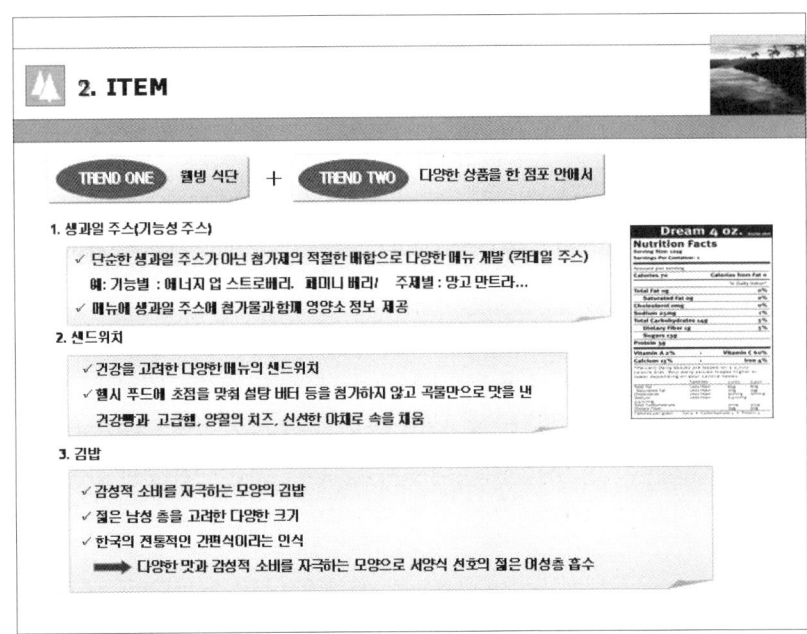

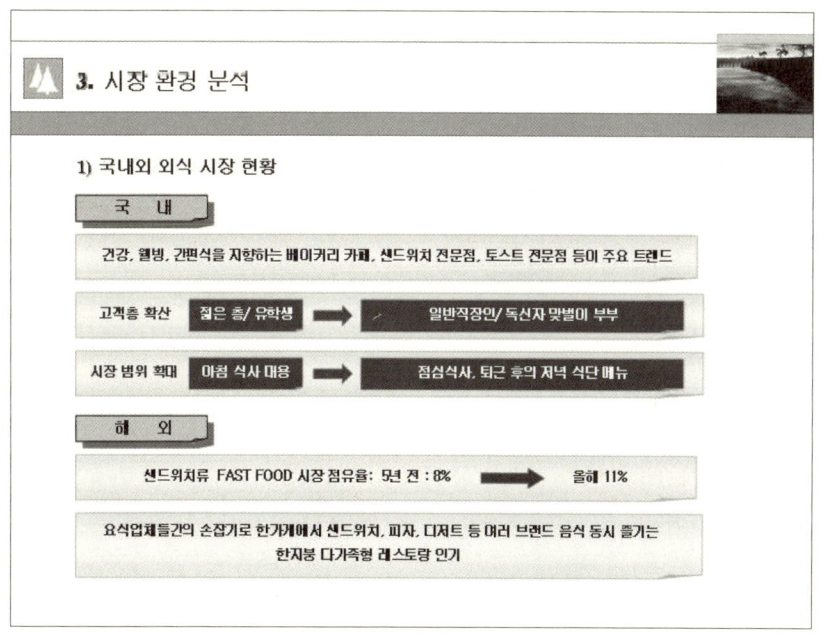

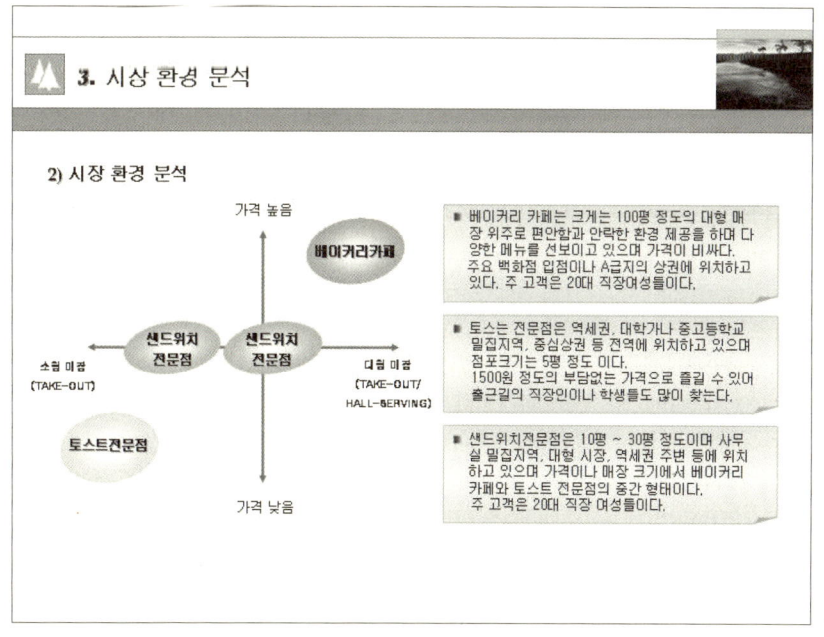

4. 사업 전략

1) conception

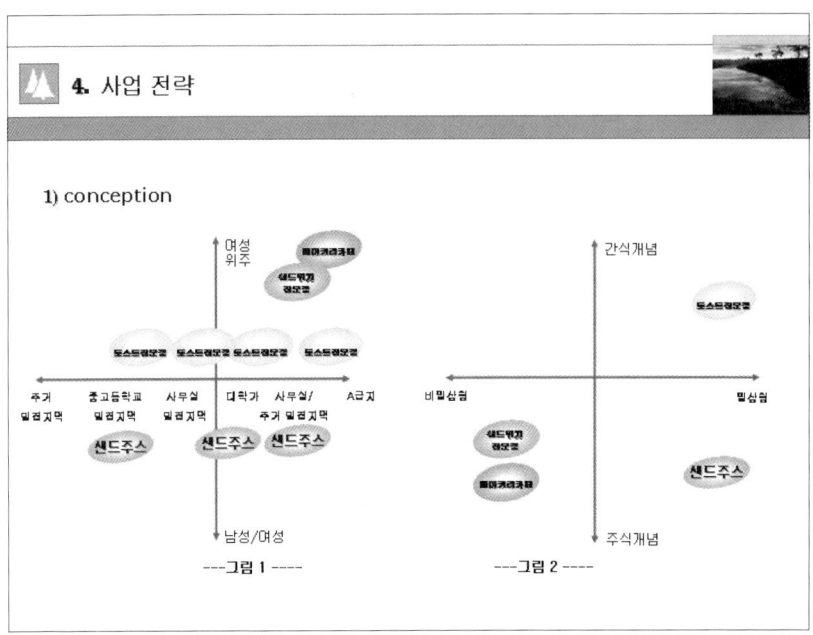

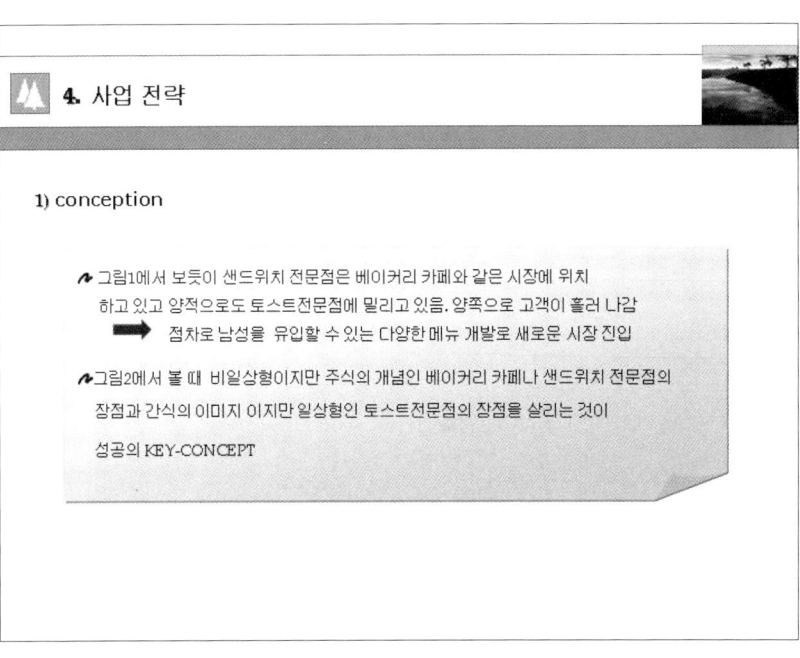

4. 사업 전략

2) targeting

> **20대 초반 직장인 싱글족이 주 고객**
>
> ↗ 기능성 주스와 식사 대용으로도 가능한 다양하고 고급스런 이미지의 샌드위치 및 제공으로 토스트 전문점 고객 유입
> ↗ 다양하고 고급스러운 기능성 주스와 칼로리, 영양소 정보 제공 전략으로 웰빙 욕구 충족 -> 베이커리카페 고객 유입
> ↗ 샌드위치와 김밥의 크기를 조절하여 남성 고객 유입
> ↗ 주부들의 HEALTH FOOD DIET 욕구를 자극하여 어린 자녀들의 간식이나 식사로 시장 확대

5. 투자 계획

1. 투자 비용 (참고 자료)

장비	10평형 ; 1,800만원	제빙기,냉장고, 샌드위치 기계류, 쇼케이스 등
	20평형 ; 2,000만원	
주방용품	10평형 ; 200만원	물가 인상과 원부자재 상승에 따른 가감 가능 (각종 주방용품 일체)
	20평형 ; 250만원	
초도물량	10평형 ; 200만원	물가 인상과 원부자재 상승에 따른 가감 가능 (원부자재 일체)
	20평형 ; 250만원	
인테리어	10평 ; 3,000만원	간판/가구/주방/전기조명/ 목공/설계/도장공사 포함, (냉난방,전기 승압, 화장실,계단공사 별도)
	20평 ; 5,500만원	
총비용	10평	총비용 : 5,200만원
	20평	총비용 : 8,000만원

➤ 점포 보증금, 임대료 별도

2. 인건비

인력구성/평균시급 3,000원~4,000원	60~80만원기준	점장+파트타임2명 인건비 : 350만원
(평균 일매출 기준)	80~100만원기준	점장+파트타임3명 인건비 : 450만원
	100~150만원기준	점주+파트타임4명 인건비 : 550만원

6. 상권

Major Market

1. 역세권	20~30대 직장인/ 특히 여성	저콜레스테롤, 저칼로리, 저지방 등 **다이어트식 샌드위치**라는 점에 중점을 두고 판매 광고 전략	은행가나 사무실 밀집 지역
2. 대학가/ 학원가	대학생의 40%이상이 어학연수 외국인학생, 교수들이 중심	신세대들의 개성을 강조하면서 개개인의 취향에 맞추는 전략	
3. 외국인 밀집지역	국내 거주 외국인, 비즈니스 맨	샌드위치 전문 빵인 호기빵으로 샌드위치 제공 (외국에서의 샌드위치)	외국인 관광 특구 지역
4. 백화점/ 마트內	쇼핑을 즐기는 사람들, **연령 구분 없이** 많은 세대가 이용하는 장소인 백화점이나 마트에서는 **내, 외국인 모두가 이용**		매장 또는 푸드 코트內 입점

7. 일정계획표

구분	주요항목	1월	2월	3월	4월	5월	6월
시장조사		→	→				
상권조사		→	→				
사업계획 확정	점포 확정				→		
	제품 및 인테리어 컨셉				→		
	마케팅 전략					→	
메뉴	메뉴 개발 및 구성					→	
종합디자인	로고, 캐릭터 개발					→	
	디자인 제작 개발(유니폼, 메뉴판, 인쇄물)					→	
인테리어	내외장 시설 공사					→	
	간판 및 가구류 발주					→	
설비, 집기, 비품류	설비, 집기, 비품류 발주					→	
	소품 및 제반 준비물 발주(구매)					→	
운영관리	시스템 각 부문별 매뉴얼 제작 개발					→	
개점 준비							→

제 7 장

깔끔하게
말로 어필하라

BUSINESS

답변 준비가 필요한 사업계획서 체크리스트

아래 체크리스트가 있다. 물론 당신의 사업 아이템과 맞지 않거나 사업 진행 단계상 아직은 불필요한 것도 있다. 그러나 만사 불여튼튼이다. 체크리스트에 맞추어 문서도 다듬고 대답도 어떻게 할 것인지 준비하면 누락되는 부분을 찾아낼 수 있고 핵심을 압축하여 짧으면서 임팩트 있게 사업계획서를 소개할 수 있을 것이다.

각 카테고리별로 체크리스트를 알아보자.

〈제품 서비스〉

- 고객에게 제공하는 제품 및 서비스는 명확한가?
- 기존 제품과 비교했을 때 차별성이 명확한가?
- 신제품의 장단점을 파악했는가?
- 제품 및 서비스에 대한 사전조사가 이루어졌는가?
- 현재 제품 개발 상황이 정확히 기술되었는가?

〈시장분석〉

- 시장동향을 기술하고 있는가?
- 시장규모는 객관적 자료를 바탕으로 추정했는가?

- 시장전망은 객관적 자료를 바탕으로 제시했는가?
- 성공 요인에 대한 분석이 철저한가?
- PEST나 3C 분석이 객관적으로 이루어졌는가?

〈고객 분석〉
- 공략할 시장에서 예상하는 잠재 고객 수는?
- 시장점유율 확보 방안은?
- 고객의 제품 선호도 및 구매력은?
- 소비 계층 분류의 핵심은?

〈경쟁업체 분석〉
- 직·간접적 경쟁대상은 어디인가?
- 경쟁사의 영업 전략 및 매출 실적은?
- 경쟁사의 고객 분할 정책은?
- 경쟁사 대비 비교 우위 요소는?
- 경쟁업체의 취약점은?

〈마케팅 전략〉
- 가격이 고객 가치 중심으로 결정되었는가?
- 가격이 적정 수준의 이익을 보장하는가?
- 유통채널 선택에 대한 근거가 명확한가?
- 유통채널별 판매 비중에 대한 분석은?
- 실질적인 구매결정권자에 대한 분석은?

〈인력조직〉

- 조직이 기능별로 잘 구성되었는가?
- 각 조직의 임무·기능이 상세히 기술되었는가?
- 경영진 및 핵심 인재에 대해 잘 기술되었는가?
- 인력 보완 및 수급 계획이 잘 작성되었는가?
- 급여 및 보상 시스템은?

〈재무계획〉

- 추정치가 객관적인 근거가 있는가?
- 손익계산서와 대차대조표가 이해하기 쉽게 작성되었는가?
- 손익분기점에 대한 분석은 제대로 되었는가?

〈사업추진일정〉

- 보기 쉽게 잘 작성되었는가?
- 중요 업무가 누락되지 않았는가?
- 전체 일정이 너무 낙관적이지 않은가?
- 업무 간 선후관계가 잘 정리되었는가?
- 상호의존적인 업무 관계가 잘 표시되었는가?

BUSINESS
결근방으로
대답하라

상대가 질문할 때 쉽게 대답하는 방법이 결근방이다. 먼저 결론이나 자기 주장, 의견을 제시한다. 다음에 왜 그런 주장을 하는지 이유나 근거를 말하며 설득하는 것이다. 마지막으로 구체적인 방법을 제시한다.

물론 질문할 때 "~에 대한 이유를 말하시오"라고 하면 결근방 중에서 결론과 근거만 말하면 된다. 또는 "~에 대한 구체적인 방법에 대해서 말하시오"와 같이 대답 내용을 방법으로 제한할 수도 있다. 이럴 경우에는 결근방의 결론과 방법만 말하면 된다.

결근방 대화법은 장단점이 분명하다. 장점은 간결하면서 강력하게 자기 주장을 피력할 수 있다. 반면에 단점은 첫째, 상대의 질문에 대한 답변 형식으로 사용하면 적절하지만 의견을 개진할 때 활용하면 상대방이 이에 대한 정보가 부족할 때 상대를 당황스럽게 만들 수 있다. 둘째, 처음부터 요구사항이나 주장이 제기됨으로써 상대의 거부감을 유발할 수 있다. 사람은 누구나 갑자기 선택을 요구받으면 심리적으로 부정적이 되기 쉽다. 따라서 결근방 방법은 뛰어난 설득법이지만 상황에 따라 적절히 사용해야 효과를 볼 수 있다.

"매출 증대를 위한 제품 개발이 활발하게 진행됨에 따라 정확한 정보를 제공할 수 있도록 직원들에게 상품 교육이 필요합니다.

근거는 새로운 제품에 대한 직원들의 정보 숙지가 늦어져 잘못된 안내를 하는 사례가 발생하기 때문입니다.

방법은 제품 지식이 담긴 포켓북을 제작하여 수시로 숙지할 수 있도록 합니다. 전 직원을 대상으로 모든 제품에 대한 교육을 실시합니다."

"요즘 트렌드는 유저에게 재미와 흥미를 주면서 어떻게 정보를 효과적으로 전달할 것인지가 관건이므로 새로운 레이아웃으로 사이트를 재구성하는 작업이 필요합니다.

근거는 예전에는 로딩 속도만 느려도 사람들은 창을 닫았습니다. 하지만 요즘은 기다리는 한이 있더라도 '어떤 재미있는 방식으로 사이트를 표현했을까?'에 더 관심을 둡니다.

방법은 디자이너들을 플래시뿐 아니라 기획이나 광고와 관련된 세미나에 자주 참석시키는 것입니다."

담당하고 있는 게임 프로덕트 개발에서 모바일(스마트폰)에 대한 대응이 굉장히 중요해지고 있는 시점이나 아직 이 부분에 대한 개발력이 높지 않고, 더디게 진행되고 있다. 그렇기 때문에 모바일에 대한 중요성을 좀 더 부각시키고 강화시키기 위한 TO DO를 준비해야 할 시기라는 점을 어필하려고 한다.

"결론적으로 회사의 인프라와 매출 기반을 확장하기 위해서는 모바일에 대한 과감한 투자가 필요합니다.

근거는 첫째, 스마트폰 가입자가 2천만 명을 넘었으며 인구의 40%가 스마트폰을 사용힌다는 사실이며, 둘째, 모바일이 사용자들의 삶에 깊게 관여하고 언제, 어디서나 가지고 다니는 플랫폼이기 때문에 자사 게임들의 PC 기반 플랫폼에 대한 약점을 보완할 수 있습니다. 셋째, 현재 회사가 가지고 있는 모바일 인력은 턱없이 부족하며, 지속적으로 발전하는 플랫폼에 비하여 발전 속도가 매우 느립니다.

방법은 첫째, 게임 프로덕트 개발과 연계하여 모바일 게임을 주력상품으로 개발할 수 있는 Team을 세팅하고 둘째, 모바일에 대한 연구와 개발을 위해 실력 있는 인재들을 발굴하며 셋째, 온라인과 오프라인을 연계하여 시너지를 낼 수 있는 전략을 수립하여 전사적으로 모바일에 대한 중요성과 우선순위를 높입니다."

BUSINESS
PT에 성공하려면
반드시 원고를 작성하라

프레젠테이션을 성공하기 위해서 가장 중요한 요소는 무엇일까?

필자의 답은 '원고Note'이다

발표 현장에서 자주 일어나는 에피소드이다.

당신은 그동안 준비한 프로젝트 제안을 경영회의에서 발표한다. 좋은 성과도 나왔고 자료도 잘 만들었다. 수차례의 리허설도 마쳤다.

발표를 시작하였다. 처음에는 매우 만족스러웠다. 그러나 점차 시간이 흐르면서 리허설할 때와 다르다는 것을 느꼈다. 어떤 차트는 길게 설명하고 어떤 내용은 빠뜨리는 등 예기치 않은 상황이 나타나자 초조하고 긴장해서 말도 더듬었다.

내용의 60% 정도 발표했는데 시간을 벌써 90% 가까이 사용하여 나머지 부분은 중요한 것들 위주로 서둘러 발표하고 끝냈다.

자리로 돌아와 생각해 본다. 무슨 문제가 있어서 그런 것일까? 자료도 잘 만들었고 내용도 잘 숙지하고 리허설도 몇 번씩 하여 자신감도 있었는데….

한마디로 말해서 원고를 작성하지 않았기 때문이다.

원고가 없으니 리허설할 때마다 결과가 다르고 그래서 실제 발표할 때는 리허설 때 연습한 것과 다르게 발표한 것이다. 발표는 사전에 준비한

대로 진행해야 성공 가능성이 커진다. 그때그때 상황에 따라 달라진다면 리허설이 무슨 의미가 있겠는가.

발표할 핵심 내용을 중심으로 원고를 작성하고 이를 토대로 발표하는 것이 전략이다. 이때 가장 중요한 것이 바로 원고이다. 파워포인트에 보면 '슬라이드 노트'라고 해서 슬라이드와 그 밑에 있는 원고를 동시에 볼 수 있는 기능이 있다. 차트를 모두 작성하고 어떻게 발표할 것인지 노트에 적은 다음 이것을 슬라이드 노트로 프린트한다. 이것을 가지고 리허설하면 성공 가능성이 매우 높아진다.

원고 작성 4단계 절차를 보자.

첫째, 각 차트별로 핵심을 파악한다. 보통 차트는 글과 그림이 섞여 있다. 어떤 것을 전달하느냐에 따라 주장하는 내용과 시간에 영향을 준다. 따라서 각 차트별로 발표해야 할 핵심이 무엇인지 정한다.

둘째, 원고 초안을 만든다. 핵심 내용을 어떻게 표현할지 문장으로 만든다. 보통 1분에 250~300자 정도 말하면 된다. 이런 점을 감안하여 문장의 길이를 조정한다.

셋째, 작성한 원고 초안을 자연스러운 문장으로 다듬는다. 부드럽게

〈원고 작성 절차〉

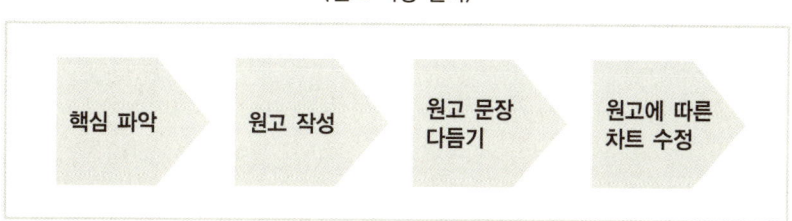

핵심 파악 → 원고 작성 → 원고 문장 다듬기 → 원고에 따른 차트 수정

말하기 위해 연결구도 사용한다.

넷째, 차트별로 원고가 만들어지면 원고에 맞추어 차트를 수정한다. 중점적으로 발표할 내용에 색깔을 넣거나 글자 크기를 키워서 강조한다. 그래야 발표하는 내용과 차트가 상호 연계성을 갖는다.

〈슬라이드 노트 예〉

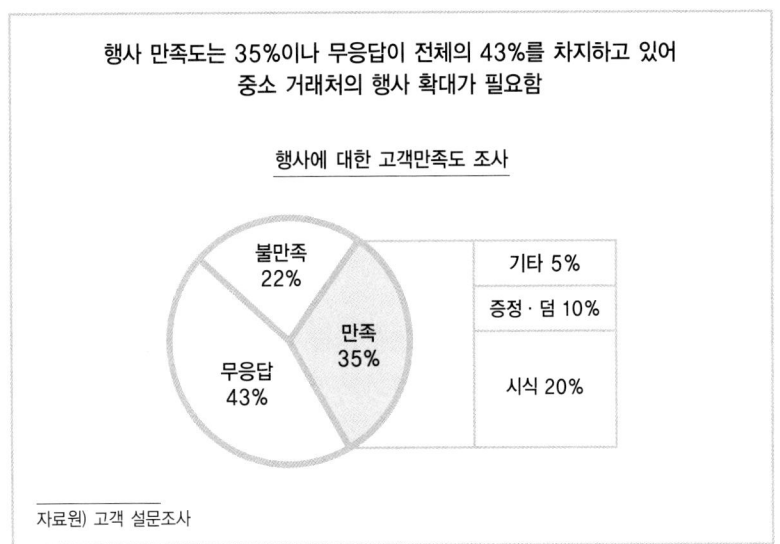

(Note) 이번 장에서 고객 설문조사를 통해 행사만족도를 말씀드리겠습니다. 행사만족도는 35%로 주로 시식, 증정·덤, 기타순으로 선호하는 것으로 나타났습니다. 불만족은 22%이고 무응답이 전체의 43%를 차지하고 있습니다. 이는 중소 거래처에서 거의 행사가 이루어지지 않고 있음을 시사합니다. 따라서 중소 거래처의 행사 확대가 필요합니다.

BUSINESS
7가지 강의 표현력을 익혀
설득의 달인이 되자

교수와 강사의 차이점이 3가지 있다고 한다.

첫째, 교수는 편한 복장을 하고 강사는 정장을 입는다. 둘째, 교수는 반말을 하고 강사는 존댓말을 한다. 셋째, 교수는 쉬운 것을 어렵게 표현하는데 강사는 어려운 것을 쉽게 표현한다고 한다.

여기서 쉽게 표현한다는 것이 중요하다. 쉽다는 것은 상대의 관점에서 설명한다는 의미이다. 그럼 강사가 쉽게 표현하는 방법을 알아보고 이를 활용하기 바란다. 비법은 7가지이다.

첫째, 전체 개요를 먼저 말하라.

개요는 발표할 내용에 대한 전체 지도이다. 주요 내용과 흐름을 이해해야 상대가 발표내용에 집중할 수 있다. 1장 정도의 차트로 정리하여 보여주면서 설명하면 좋다.

- "오늘 3가지 기법에 대해서 학습하겠습니다. 첫째는…, 둘째는…, 셋째는 ~입니다."
- 개요를 먼저 말하면 전체 내용 파악이 쉬워진다.

둘째, 실제 사례로 말하라.

실제 사례를 들어 설명하면 이해가 빠르다. 가급적 쉬운 사례를 제시한다. 다만 업무 환경과 너무 동떨어진 사례는 오히려 역효과가 있을 수 있다.

- 실제로 일어났던 일이나 어떤 사건, 정황 등을 활용한다.
- 사례는 구체적인 통계, 데이터, 사진 등과 함께 설명하면 쉬워진다.

셋째, 결론부터 말하라.

결론부터 말하면 쓸데없는 이야기를 하는 등의 실수를 안 하게 되고 정확한 내용을 전달할 수 있다.

- "여기서 말하는 것은 ~입니다. 그 이유는 ~입니다" 또는 "여기서 말하는 것은 ~입니다. 사례를 말씀드리면 ~입니다"라고 결론부터 말한다.
- 결론부터 말하면 상대가 핵심 메시지를 먼저 전달받았기 때문에 뒷이야기를 쉽게 이해할 수 있다.

넷째, 머리에 연상이 되게 말하라.

머리에 상황이 그려지면 이해가 쉽고 기억에 오래 남기 때문에 좋은 효과를 얻을 수 있다.

- 시간적 순서를 고려하여 과거·현재·미래 또는 오늘·내일이라든지 오전·오후·저녁 등 시간의 경과에 따라 설명한다.
- 위치를 나타낼 때는 먼 곳부터 가까운 순서대로 또는 가까운 곳에서 멀어지는 순서대로 설명한다.
- 손으로 허공에 그림을 그리면서 설명하면 머리에 연상이 된다.

- 동물 소리나 상황에 따른 감정이입으로 쉽게 이해한다.

다섯째, 대화체로 말하라.
문어체 표현은 교재를 읽는 것 같은 딱딱함이 있다.
- 유명한 강사들의 강의를 보면 하나같이 대화체를 적절하게 사용한다는 공통점이 있다.
- 대화체는 상대에게 긍정적인 반응을 일으켜 상황에 몰입하게 만드는 힘이 있다.
- 지방 사투리나 억양을 사용하면 교육생의 흥미를 높일 수 있다.

여섯째, 비유법, 대조법으로 말하라.
비유나 대조 등의 내용도 상대가 이해하기 쉬워야 한다.

〈비유〉

비유하는 것과 비유되는 것을 ~같은, ~처럼 등으로 연결하여 정확하게 묘사한다.
- '촌철살인 같은 피드백'
- '꽃처럼 예쁜 아기'

〈대조〉

상반되거나 대립되는 것을 내세워 함께 설명한다.
- '인생은 짧고 예술은 길다.'

- '여자는 약하지만 어머니는 강하다.'

일곱째, 확인하면서 말하라.

특히 하나의 모듈이 마무리되면 모듈 내용 중 중요한 것을 정리하여 요약해 주면 좋다. 퀴즈 형식으로 머리에 각인시키는 것도 좋다.

- 사람의 기억에는 한계가 있다.
- 처음 접하거나 다소 생소하게 느낄 수 있는 내용을 설명할 때는 한 번에 모든 것을 다 알려주겠다는 생각을 버려야 한다.
- 중간 중간 상대의 반응을 보면서 내용의 이해 여부를 확인한다. "지금까지 말씀드린 내용은 두 가지입니다."
- 상대가 전체 흐름을 이해할 수 있게 될 뿐만 아니라 결론에 이르는 길잡이가 될 수 있다.

BUSINESS
자신감과 진실의
몸동작으로 설득하라

자신감을 드러내는 자세를 취하라. 올바른 자세와 당당한 태도로 프로다운 면모를 보이며 기개를 세워야 한다. 그러기 위해서는 신체의 5곳을 올려야 한다.

첫째, 히프를 올려라. 히프가 처지면 노인처럼 행동이 느려지고 긴장이 풀린다. 히프를 올리려면 발꿈치를 들고 발끝으로 움직여라. 괄약근을 강화시켜 피부를 탱탱하게 하고 생명력도 강화시켜 건강과 장수를 보장한다.

둘째, 배(단전)를 올려라. 단전에 힘이 들어가면 기가 들어가 박력과 배짱이 생긴다.

셋째, 턱을 당겨라. 턱이 빠지면 촌스럽기도 하지만 정신이 나간 사람처럼 보인다. 턱을 당기면 적당한 긴장감이 생겨 정신 집중에 도움이 된다.

넷째, 입꼬리를 올려라. 입꼬리가 올라가면 웃는 얼굴이 되어 따뜻하고 친근한 인상이 된다.

다섯째, 눈꼬리를 올려라. 눈이 커지고 밝은 표정이 된다. 얼굴에 생기가 돌아 자신감이 충만해 보인다.

진실을 보여주기 위해서는 몸을 많이 드러내야 한다. 아이들은 거짓말을 하면 순간적으로 손을 뒤로 숨긴다. 거짓을 숨기기 위하여 신체의 일부를 감추는 것이다. 따라서 신체를 의도적으로 많이 노출시키면 상대는 당신을 진실되게 볼 것이다.

진실된 신호를 보자.

- 연단 뒤쪽에서 발표하지 말고 앞으로 나와서 프레젠테이션하라.
- 미팅할 때는 가능하면 일어나서 말한다.
- 가슴을 가리는 제스처보다 가슴이 드러나는 제스처를 취한다.
- 손바닥을 보여주거나 위로 놀린다.
- 팔짱을 풀고 가슴이나 몸을 상대에게 드러낸다.
- 시선을 마주치고 미소 짓는다. 헤프게 너무 자주하지는 않는다.
- 발바닥을 들어올리지 않고 바닥에 딱 붙인다.
- 발끝이 상대를 향해 있어야 한다.

자신감 있는 자세는 좋지만 과하면 상대에게 위압적으로 보일 수 있다. 다음과 같은 위압적이거나 공격적인 자세는 취하지 마라.

- 발이나 손 또는 몸으로 상대의 영역을 침범한다.
- 눈동자를 전혀 움직이지 않고 상대를 뚫어지게 쳐다본다.
- 눈동자를 돌리면서 능글맞는 미소를 짓는다.
- 팔짱을 끼거나 뒷짐을 지거나 주머니에 손을 넣는다.
- 턱을 내밀며 눈을 내리깔고 쳐다본다.

거짓말 신호를 보내면 안 된다. 당신은 어느 순간 과장된 제스처를 취할 수 있다. 이럴 경우 거짓말 신호와 함께하면 상대는 당신을 믿지 못한다. 거짓말 신호를 보자.

- 말 실수가 잦고 대화의 흐름이 끊기고 상세한 설명을 피한다.
- 모두, 항상, 모든 사람, 아무도, 어느 누구도 등 모두를 뜻하는 말을 많이 쓴다.
- 시선을 피하거나 또는 자주 맞추려고 한다. 평소보다 많이 움직이거나 덜 움직인다.
- 신체 일부를 자주 만지고, 땀을 흘리고, 얼굴이 붉어진다.
- 침을 자주 삼키고, 입술 안쪽을 깨물거나 입술을 핥는다.
- 목소리 톤이 올라가고 헛기침을 하며 단답형 대답을 한다.

BUSINESS
상대의 감정을 읽고 대처하라

　미팅에 들어갈 때 상대의 기본적인 태도가 어떤지 알아야 한다. 즉 몸을 앞으로 하고 있는지 뒤로 젖히고 있는지 팔짱을 끼고 있는지 팔을 내려뜨리고 있는지 팔을 책상 위에 놓고 있는지 미소를 짓고 있는지 표정이 경직되어 있는지 등이다. 이는 물론 그 사람의 감정일 수 있고 또는 기본 자세일 수도 있다.

　물론 긍정적인 사람은 밝고 우호적인 자세를 취할 것이고 선천적으로 비관적인 사람은 비우호적인 자세를 취할 수 있다. 그것은 당신에게만 그런 자세를 취하는 것이 아니라 모든 사람에게 동일하게 취한다고 보면 된다. 즉 오프닝 스토리에서 한 사람은 몸을 뒤로 젖히고 있었다. 이 사람은 대부분 그런 자세를 취하고 있다. 그래서 첫 자세를 보면 그 사람의 기본적인 성향을 어느 정도는 알 수 있다.

　나중에 보면 우호적인 자세를 취한 사람이 부정적인 평가 점수를 주는 경우도 있고 비우호적인 자세를 취한 사람들이 좋은 평가를 하는 경우도 많다. 이것의 의미는 처음의 자세가 부정적이라고 해서 당신의 아이템에 대해서 부정적이 아니라는 말이다. 당신이 어떻게 설득하느냐에 따라서 그 사람의 평가는 달라진다. 물론 우호적인 자세를 취하는 사람은 질문이나 당신의 발언에 대한 반응이 우호적일 것이다.

그러나 그것으로 무조건 만족했다고 보면 안 된다는 것이다. 즉, 우호적인 사람이 계속 우호적인 자세나 표정을 짓는다면 보통이라는 것이다. 우호적인 사람이 더 우호적인 반응을 보이거나 비우호적인 사람이 우호적인 자세를 취하도록 만들어야 한다. 어떤 경우에는 비우호적인 사람이 더욱 비우호적으로 되어서 골탕을 먹었다는 말을 들었다. 그런데 나중에 알고 보니 일부러 그랬다는 것이다. 일종의 스트레스 테스트를 한 것이다. 경영자 자질이 있는지 테스트한 것이다.

미팅이나 PT 중 태도나 표정의 변화를 보며 감정을 읽어야 한다. 상대의 부정적인 동작은 이런 것이 있다.

- 몸을 뒤로 젖히거나 발을 뒤로 움직여 거리를 두려고 한다.
- 팔짱을 낀다. 가슴이나 몸을 팔로 방어하는 자세이다.
- 테이블을 손가락으로 톡톡 치거나 발로 바닥을 치는 등 뭔가를 두드린다.
- 손으로 턱을 괸다. 턱을 괴는 것이 점점 깊어지고 자세가 낮아지면 지루하다는 의미이다.
- 발이 몸과 다른 방향으로 움직인다. 몸은 당신을 향하고 있으나 발끝이 다른 방향으로 움직이면 그쪽으로 가고 싶다는 뜻이다. 즉 당신에게서 떠나겠다는 의미이다.
- 눈의 움직임이 불안정하다. 찡그리거나 곁눈질을 하면 뭔가 마음에 들지 않은 부분이 있는 것이다.

이런 움직임이 있으면 부정적인 감정을 없애도록 노력해야 한다. 예를 들어 상대가 팔짱을 끼면 팔짱을 풀도록 만들어야 한다. 가령 차 마실 것을 권하거나 메모를 요청하여 팔짱을 풀도록 한다.

이번에는 긍정적인 동작을 보자.

- 몸을 앞으로 기울이거나 당긴다. 당신의 제안에 관심이 생겼다는 것이다. 가까이 오는 경우도 있다. 즉 당신과 거리를 줄이려고 한다.
- 계속 시선을 마주치고 미소를 짓는다.
- 고개를 끄덕이고 말로 몸짓으로 호응한다.
- 자신의 약한 부분을 스스럼없이 보여준다. 가슴이나 목, 손바닥 등을 보호하려고 하지 않고 자연스럽게 노출한다.

이런 경우 당신도 환한 미소와 여유를 가지고 같이 우호적인 자세를 취해야 한다. 상대가 몸을 앞으로 기울였는데 당신이 몸을 뒤로 젖히면 어떻겠는가. 상대는 자신의 친절이나 우호적인 감정이 거부당했다며 불쾌하게 생각할 수 있다. 따라서 우호적인 감정이 오래 지속될 수 있도록 노력해야 한다.

상대가 의사결정이나 판단을 유보하는 의미의 동작도 있다.

- 앞에 놓인 음료수를 마시거나 또는 음료수 잔을 만지작거린다.
- 안경 끝을 만지거나 안경을 빼서 닦는다.
- 머리를 긁적이거나 턱을 손으로 톡톡친다.

뭔가를 생각하면서 여유를 가지려는 것이다. 이때 다음 행동이 팔짱을 끼거나 몸을 뒤로 젖히는 등 부정적인 행동을 하면 부정적인 결정을 내릴 가능성이 높다. 반대로 다음 행동이 미소를 짓거나 가슴을 활짝 드러내거나 하는 등 우호적인 행동이 이어지면 긍정적인 결정을 내릴 가능성이 높다. 따라서 상대가 유보적인 반응을 보일 때는 당신은 상대가 우호적인 결정을 하도록 긍정적이고 우호적이고 자신감 있는 태도를 보여주는 것이 바람직하다. 이때 자신감 있는 태도가 자칫 상대를 압박하는 모습으로 보이지 않도록 주의한다.

- 부록 -

창업계획서 점검 및 평가 체크리스트

창업 Business Plan 점검 및 평가 체크포인트

1. Business Plan의 정의

우리말로는 '사업계획'으로 번역될 수 있으며, **Business Idea** (돈을 벌 수 있는 아이디어)를 실행 가능한 구체적인 계획 (**detailed plan**)으로 발전시킨 것을 말함.

통상 **Business Plan**으로 불리우기 위해서는 아래 8가지 요소에 대한 구체적인 계획을 포함하고 있어야 함.

1) 제품/서비스 (Product/ Service)
2) 시장 및 경쟁 (Market and Competition)
3) 마케팅 (Marketing)
4) **Business System**
5) 조직 및 인력 (Organization and HR)
6) 기회와 위험 (Opportunities and Risks)
7) 실행 일정 (Implementation Schedule)
8) 재무계획 (Financial Planning)

2. 유망한 Business Idea가 갖추어야 할 요소

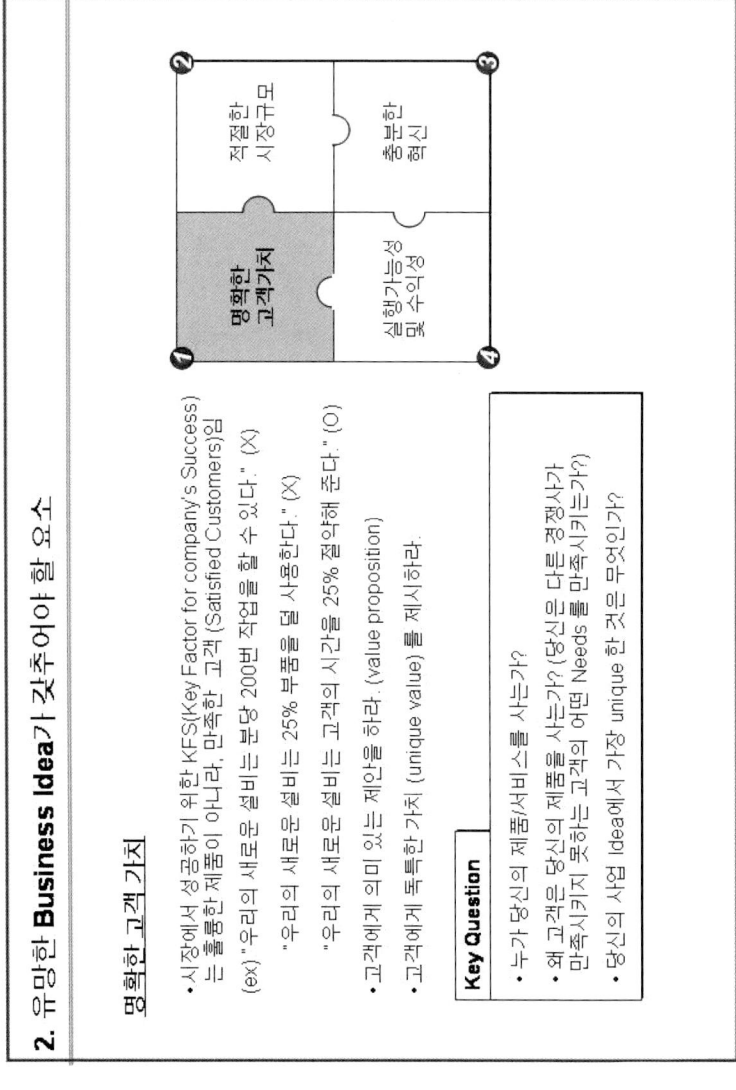

명확한 고객 가치

- 시장에서 성공하기 위한 KFS(Key Factor for company's Success)는 훌륭한 제품이 아니라, 만족한 고객 (Satisfied Customers)임
- (ex) "우리의 새로운 설비는 분당 200번 작업을 할 수 있다." (X)
- "우리의 새로운 설비는 25% 부품을 덜 사용한다." (X)
- "우리의 새로운 설비는 고객의 시간을 25% 절약해 준다." (O)
- 고객에게 의미 있는 제안을 하라. (value proposition)
- 고객에게 독특한 가치 (unique value) 를 제시하라.

Key Question

- 누가 당신의 제품/서비스를 사는가?
- 왜 고객은 당신의 제품을 사는가? (당신은 다른 경쟁사가 만족시키지 못하는 고객의 어떤 Needs를 만족시키는가?)
- 당신의 사업 Idea에서 가장 unique 한 것은 무엇인가?

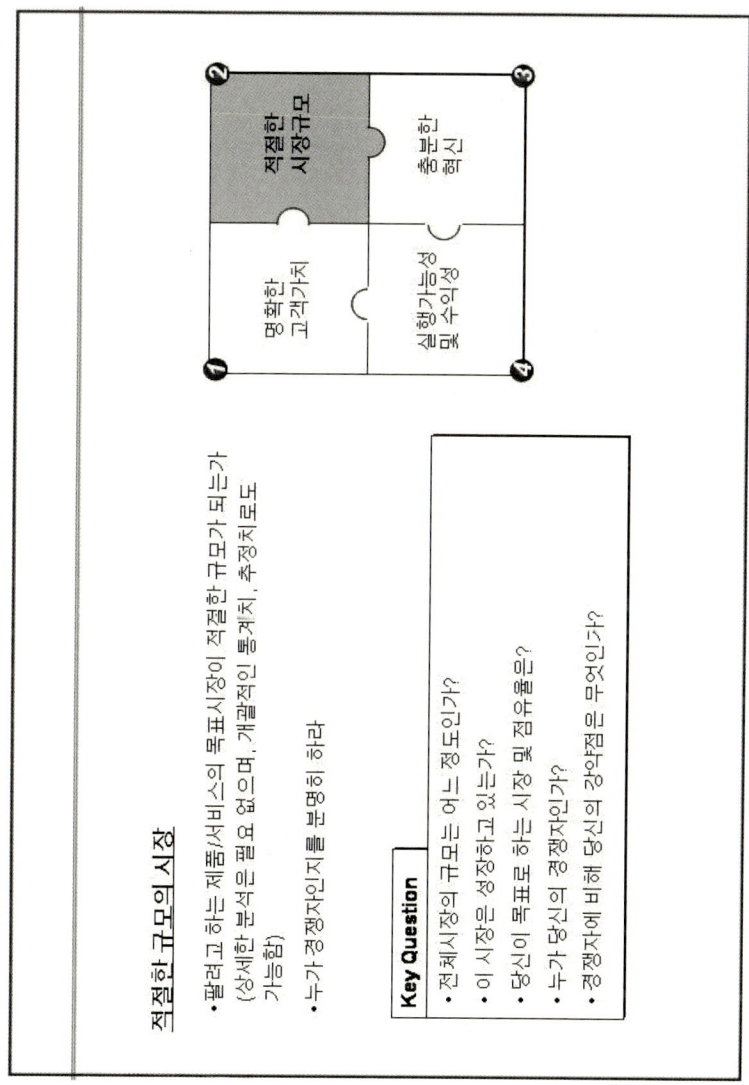

적절한 규모의 시장

- 팔려고 하는 제품/서비스의 목표시장이 적절한 규모가 되는가 (상세한 분석은 필요 없으며, 개괄적인 통계치, 추정치로 가능함)
- 누가 경쟁자인지를 분명히 하라

Key Question

- 전체시장의 규모는 어느 정도인가?
- 이 시장은 성장하고 있는가?
- 당신이 목표로 하는 시장 및 점유율은?
- 누가 당신의 경쟁자인가?
- 경쟁자에 비해 당신의 강약점은 무엇인가?

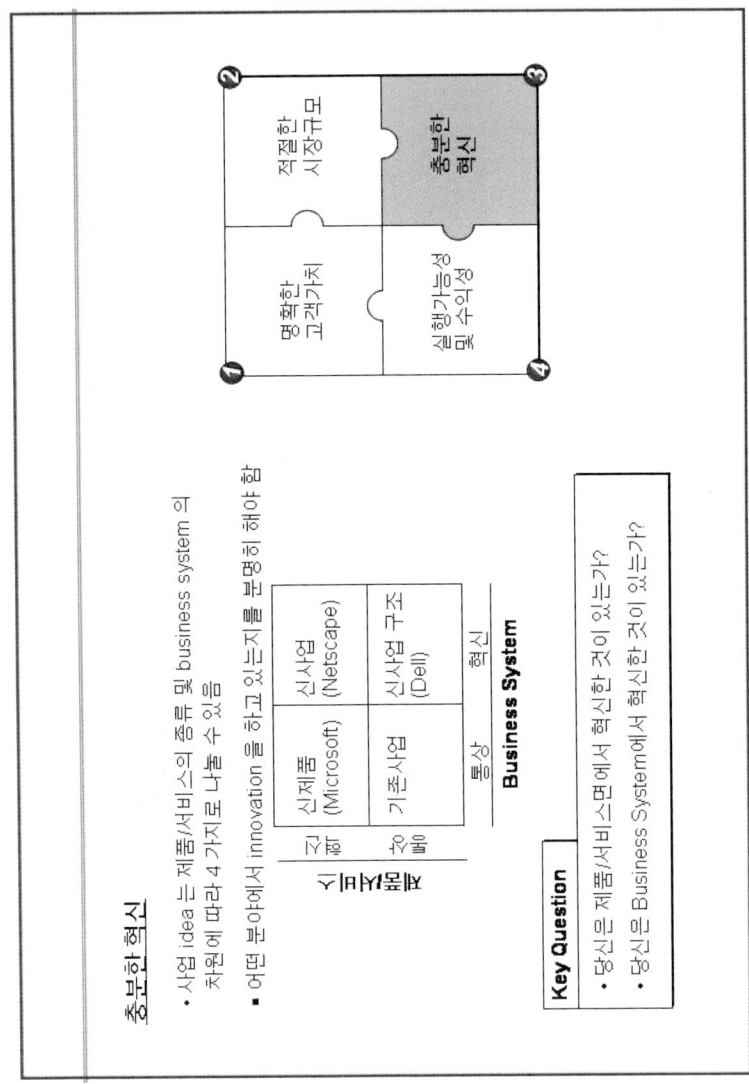

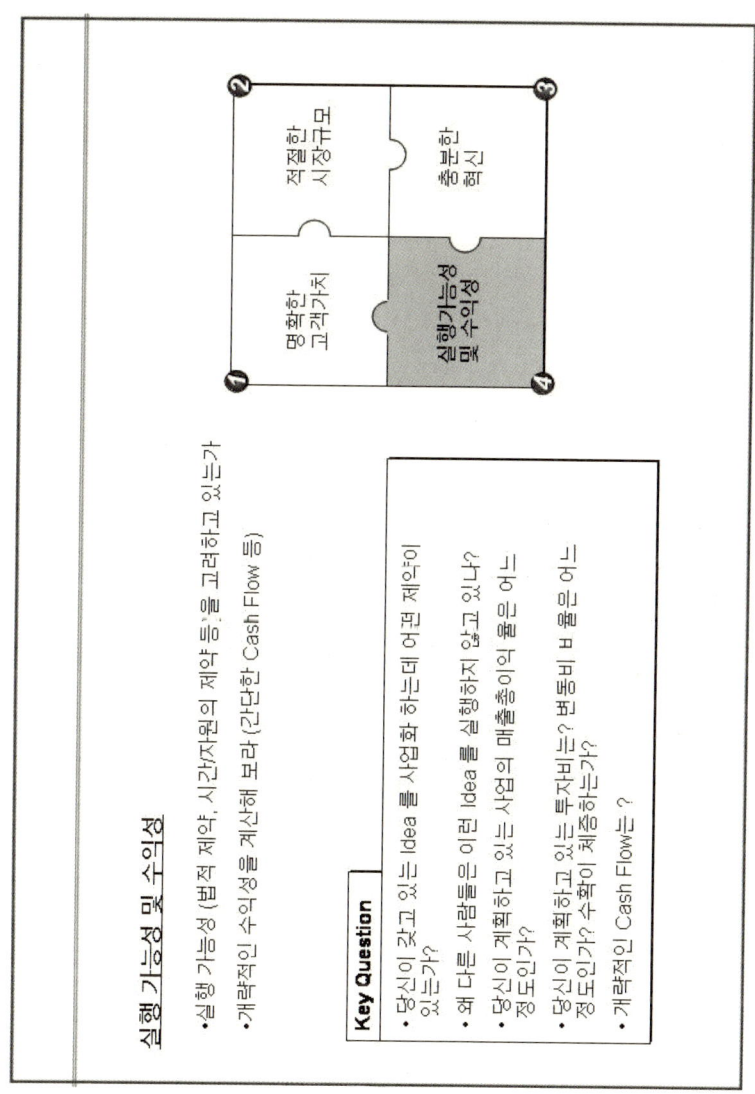

실행 가능성 및 수익성

- 실행 가능성 (법적 제약, 시간자원의 제약 등)을 고려하고 있는가
- 개략적인 수익성을 계산해 보라 (간단한 Cash Flow 등)

Key Question
- 당신이 갖고 있는 Idea를 사업화 하는데 어떤 제약이 있는가?
- 또 다른 사람들은 이런 Idea를 실행하지 않고 있나?
- 당신이 계획하고 있는 사업의 매출충이익 율은 어느 정도인가?
- 당신이 계획하고 있는 투자비는? 변동비 및 용인 어느 정도인가 수확이 체증하는가?
- 개략적인 Cash Flow는?

창업계획서 쉽게 어필하라 **199**

3. Business Plan 작성의 필요성

Business Plan은 원래 미국에서 창업사(start-up, venture company)들이 개인 투자자들이나 **Venture Capitalist**로부터 자금을 조달하기 위해 작성하기 시작함. 그러나, 이러한 창업이외에도 대기업들이 특정 **project**에 대한 내부 투자 의사결정을 위해서도 작성함.

Business Plan을 작성함으로써 얻을 수 있는 장점은 아래와 같음

- 신규사업의 타당성을 다양한 각도에서 체계적으로 점검해 볼 수 있음
- 현상을 명확히 분석함으로써, 장애요인을 제거할 수 있는 도구를 제공하고 신규사업의 효율성을 높일 수 있게 함
- 실제 **project** 진행시 **project** 추진 상황을 관리하고 평가할 수 있는 핵심 자료로 활용 가능함

4. 좋은 Business Plan이 갖추어야 할 요소

전반적인 작성 원칙
- 명확성 (Clarity): Business Plan의 핵심(장점)을 명확히 제시할 것
- 객관성 (Objectivity): 객관적인 Data를 근거로 하여 작성할 것
- 단순성 (Simplicity): 기술적 전문가가 아닌 일반인도 알 수 있도록 서술할 것
- 일관성 (Consistency): 지각적 통일성, 문제의 일관성을 유지할 것

핵심 Contents
- 창장의된, 정량화된 고객 가치: 고객에게 기존의 가치를 보다 낮은 비용으로 제공하거나 혹은 고객에게 합리적인 비용으로 새로운 가치를 제공하는지를 제시함
- 혁신적인 제품/서비스: 제품/서비스 혹은 사업 시스템이 높은 수준의 혁신성을 이루고 있는지 기술함
- 혁신을 보존하고 유지해 갈 수 있는 가능성 및 방안에 대해 제공함
- 성장하는 시장, 일정하구 이상의 시장: 목표시장이 빠른 속도로 성장하거나 일정 규모이상 시장인지에 대해 기술함
- 경쟁에 대한 깊이 있는 분석: 현존하는 혹은 잠재적 미래 경쟁자에 대한 폭넓은 분석을 제시함
- 위험과 기회에 대한 평가: Business에 내재된 risk를 사실적으로 기술하고 이를 극복하는 방안을 제시하고 Business에 내재된 잠재적인 기회에 대한 활용방안을 기술함

5. Business Plan의 구성요소

Business Plan의 구성요소

1) 요약 (Summary)
2) 제품/서비스 (Product/Service)
3) 시장 및 경쟁 (Market and Competition)
4) 마케팅 (Marketing)
5) Business System
6) 조직 및 인력 (Organization and HR)
7) 기회와 위험 (Opportunities and Risks)
8) 실행일정 (Implementation Schedule)
9) 재무 계획 (Financial Planning)

1) 요약

요약 부분은 의사결정자(decision maker)에게 Business Plan의 핵심적인 내용을 잘 전달하도록 작성해야함

요약 부분에서 특히 아래 4가지 부분에 집중해야 함

- **Business idea**의 명확화
- 제품/서비스가 **Customer**에게 주는 **value**
- 시장의 규모 및 성장 속도
- 투자에 따른 수익률

당신의 Business idea에 대해 전혀 사전지식이 없거나 기술적/관련사업의 배경지식을 갖고 있지 않은 사람이 5~10분내 요약 부분을 읽고 이해하고 공감할 수 있는지 반드시 Check할 것

 만약, 이해되지 않고 공감할 수 없다면 요약 부분을 보다 명확하고, 감동적이고 간결하게 수정하라.

2) 제품/서비스

Business Plan 이 제공하려는 제품/서비스가 현재 시장에 존재하는 혹은 등장할 제품/서비스와 어떻게 차별화 되는지를 명확히 서술함

고객 가치 (Customer Value)

- 만약 기존의 제품/서비스가 고객에게 주는 가치보다 더 나은 가치를 고객에게 줄 수 없다면 Business Plan 은 무의미함
- 제품/서비스가 고객에게 주는 가치를 철저하게 분석할 것
- 고객의 입장에서 새로운 제품/서비스가 주는 장점 및 단점을 주의 깊게 분석할 것

제품/서비스 제공상의 과제

- 제품/서비스가 현재 어느 단계까지 개발되어 있는지를 설명함
- 제품/서비스가 고객에게 전달되기 위해서는 해결해야 할 기술적/제도적(법적)/관습적(소비자 행동적)/제휴적(타 업체와의 연계 필요)/사회여론적(문화적) 장애요인들을 명확히 하고 해결 방안을 제시할 것

Check List (제품/서비스)

고객 가치 (Customer Value)

	Yes	No
✓ 고객에게 제공하려는 제품/서비스가 명확히 정의되었는가?	☐	☐
✓ 고객에게 전달할 가치를 어떤 형태로 회수할 것인지 (돈은 어떻게 받을 것인지) 명확히 정의되었는가?	☐	☐
✓ 누가 고객이고 누가 고객이 아닌지 정의되었는가?	☐	☐
✓ 고객이 왜 제품/서비스를 사는지 정의되었는가? (고객이 받는 기준의 제품/서비스에 비해 추가로 얻는 Value가 무엇인지 설명되었는가?)	☐	☐
✓ 고객입장에서 기존 제품/서비스와 비교할 때, 새로운 제품/서비스가 갖는 장점 및 단점이 명확히 분석되었는가?	☐	☐
✓ Pilot Test 혹은 Survey를 통해 고객에게 제품/서비스가 수용 가능한지 조사해 본 적이 있는가? (혹은 수용 가능하다는 근거를 다른 방식으로 제시하였는가?)	☐	☐

제품/서비스 제공상의 과제

✓ 현재 개발상황이 정확히 기술되었는가?	☐	☐
✓ 앞으로 최종 제품/서비스가 되기 위해 필요한 시간, 인력, 자금 투입 필요량이 제시되었는가?	☐	☐
✓ 기술적 장애 요인이 설명되었고 해결방안이 제시되었는가?	☐	☐
✓ 제도적/법적 장애 요인이 설명되었고 해결방안이 제시되었는가?	☐	☐
✓ 관습적/소비자 행동측 장애 요인이 설명되었고 해결방안이 제시되었는가?	☐	☐
✓ 문화/사회/여론적 장애 요인이 설명되었고 해결방안이 제시되었는가?	☐	☐

3) 시장 및 경쟁

시장규모와 성장 (Market size and growth)

- 회사가치의 급격한 증가는 시장이 큰 잠재력을 가진 경우에만 가능함
- 시장규모는 고객의 수, 단위 당 판매, 매출액 등의 숫자로 표시되어야 함
- 시장의 성장에 대한 예측은 매우 중요로하며 어떤 요소가 시장의 성장에 영향을 미치는지를 분석해야 함 (ex. 기술, 법적인 제약 등)
- 시장규모 예측을 위한 방법론

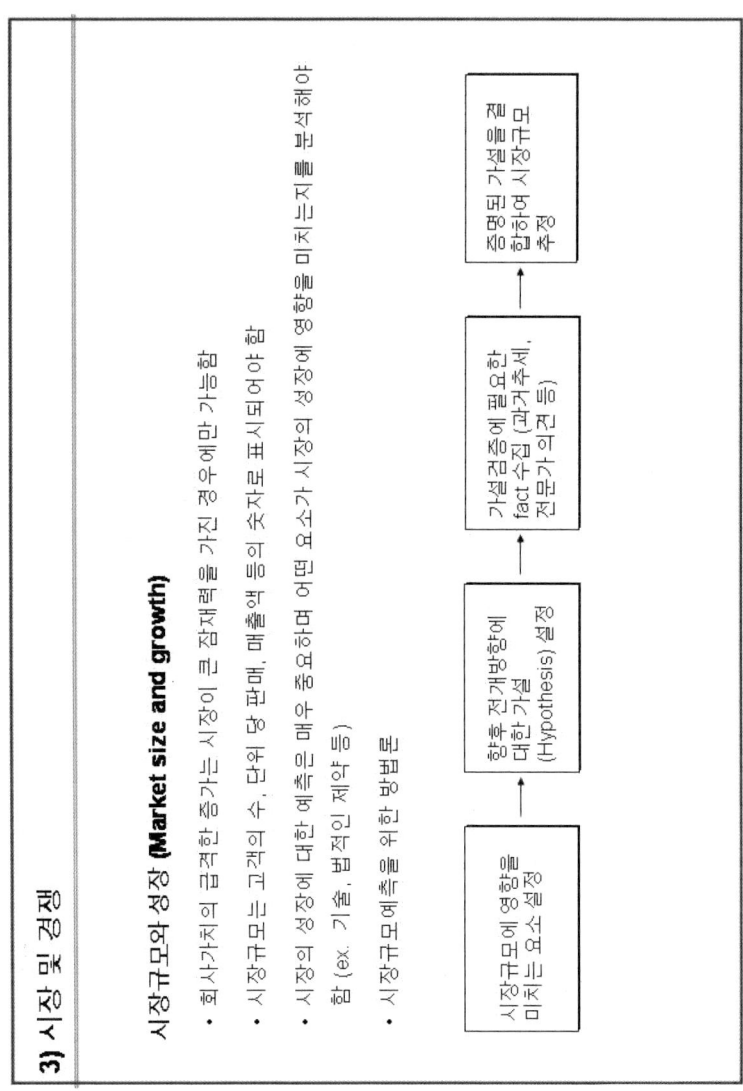

시장규모에 영향을 미치는 요소 설정 → 향후 전개방향에 대한 가설 (Hypothesis) 설정 → 가설검증에 필요한 fact 수집 (과거 추세, 전문가 의견 등) → 증명된 가설을 결합하여 시장규모 추정

시장규모 예측시 주의사항

- **확실한 근거를 가지고 작성하라 (Build on solid foundation):** 알 수 없는 많은 요소가 있더라도, 가능한 한 입증 가능한 숫자 (객관적인 data) 에 근거할 것
- **논리적으로 생각하라 (Think logically):** 추정치는 논리적 결론이어야 하며, 논리적 비약이나 명시되지 않은 가정 (assumption) 에 의존해서는 안 됨
- **자료를 비교하라 (Compare your sources):** 여러 가지 다양한 자료원 (인터뷰, 통계, 전문가 의견 등)를 비교하여 객관성을 확보할 것
- **창조적이 되라 (Be creative):** 알 수 없는 변수가 있을 경우에는 대체적인 변수가 있는지를 찾아볼 것
- **그럴듯한지를 점검하라 (Check for plausibility):** 각 추정치가 적절한 규모인지 스스로 점검할 것

시장 세분화 (Market Segmentation)

- 시장을 세분화하여 어떤 시장을 대상으로 하고 있는지를 분명히 할 것
- 시장을 세분화하는 방법은 여러 가지가 있을 수 있으나, 아래 3 가지는 지켜져야 함
1) 각 세분화된 시장의 고객 수 및 구매력을 측정할 수 있어야 함 (Measurability)
2) 각 세분화된 고객의 행동 양식을 측정할 수 있어야 함 (Homogenous-within)
3) 각 세분화된 고객는 동일한 전략으로 공략할 수 있어야 함

소비재 시장에서 가능한 시장세분화 방법	• 지리적 변수: 국가, 도시/농촌 (인구밀도), 기후 등 • 인구통계적 변수: 나이, 성별, 소득, 직업, 종교, 교육수준 등 • 행동 분석적 변수: 제품 구매빈도, 사용량, 상표충성도, 가격 민감도, 구매시 중요시하는 변수들 등 • 심리분석적 변수: 라이프 스타일 (행동, 관심, 의견) 등
산업재 시장에서 가능한 시장세분화 방법	• 인구통계적 변수: 회사규모, 산업종류, 위치 등 • 운영적 변수: 채용한 기술 (예: digital, analog) 등 • 구매 습관적 변수: 중앙집권적 구매/분권적 구매, 구매기준 등 • 상황적 변수: 구매의 긴급도, 구매규모 등

경쟁 (Competition)

- 당사와 경쟁사를 핵심 고객 value, 목표 고객, 매출액, 가격, 시장점유, cost 위치, 제품 수, 유통채널 측면에서 비교할 것
- 경쟁사의 강점과 약점을 분석/비교할 것
- 경쟁우위 요소를 어떻게 유지할 것인가를 고려할 것
- 경쟁사에 비해 당사가 갖고 있는 intangible asset이 있는지 검토할 것
- 경쟁사와 당사의 market에서 positioning을 점검하라

* positioning: 고객이 제품/서비스에 대해 갖는 시장에서의 위치 (position)를 기업 입장에서 원하는 위치로 이동시키는 것 (ex. 저가품 ⇒ 고급품, 유아용품 ⇒ 성인용품)
- positioning을 위한 다양한 Map (사례)

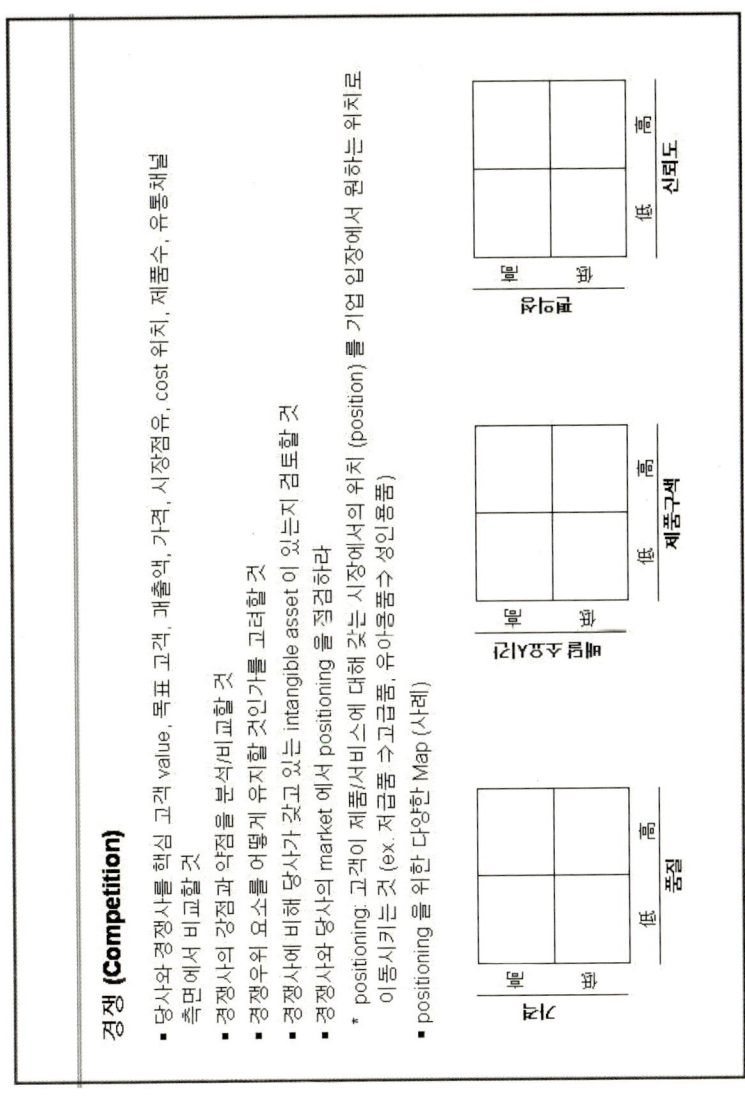

Check List (시장 및 경쟁)

시장규모와 성장   Yes   No
- ✓ 목표시장의 전반적인 trend 를 서술하고 있는가   □   □
- ✓ 목표시장에서 성공하기 위한 결정적인 요소가 무엇인지를 설명하고 있는가   □   □
- ✓ 현재 시장규모에 대한 객관적인 근거를 제시하고 있는가   □   □
- ✓ 향후시장의 성장률에 대한 객관적인 근거를 제시하고 있는가   □   □

시장 세분화
- ✓ 시장세분화의 명확한 기준과 그 근거를 제시하고 있는가   □   □
- ✓ 세부시장별 특성 (수익성, 규모, 성장률 등) 및 향후 전망을 객관적 근거를 갖고 제시하고 있는가   □   □
- ✓ 목표고객이 분명하게 설정되었으며, 대표적인 고객을 예시하고 있는가   □   □
- ✓ 각 개별시장에서의 목표 점유율을 제시하고 있는가   □   □

경쟁
- ✓ 유사한 제품/서비스를 제공하고 있는 경쟁자가 누구인지 설명하고 있는가   □   □
- ✓ 잠재적인 경쟁자에 대한 분석이 포함되었는가   □   □
- ✓ 경쟁자와 당사간의 경쟁상의 강약점이 충분히 비교되었는가   □   □
- ✓ 경쟁사의 전략과 당사의 전략이 비교되었는가   □   □
- ✓ 경쟁사에 비해 당사가 갖고 있는 우위요소 (특히, Intangible) 들이 무엇이며, 계속 유지될 수 있는가에 대한 설명이 있는가   □   □

4) 마케팅

성공적인 business launching에서 가장 중요한 요소가 marketing인 바, 4P (Product, Price, Place, Promotion)에 대한 명확한 전략이 제시되어야 함. (Product는 제품/서비스 항목 참조)

Price (가격)

- 당성 가능한 가격수준은 제품/서비스에 대해 그래의 지불할 의사가 있는 금액 수준에 의해 결정됨 (가격이 cost에 의존한다는 통상적인 생각은 심각한 문제에 직면하게 만드는 경우가 허다함).
- 당사가 제공하는 제품/서비스가 고객에게 주는 가치를 계량화하여 가격을 결정함. 이 경우, 잠재적 고객과의 접촉을 통해 가격수준을 확인해 볼 수 있음.
- 가격수준은 기업의 시장목표에 따라서도 달라질 수 있는데, 통상 낮은 가격으로 조기에 시장 점유율을 확대하는 침투가격정책 (Penetration Strategy)과 특정 고객 대상으로 고가가격정책 (Skimming Strategy)으로 분류됨

고가정책의 근거	· 신규제품/서비스는 기존 제품/서비스에 비해 특히 좋은 경우, 높은 가격의 근거가 있음. 또한, 제품/서비스에 대한 높은 이미지도 창출할 수 있음 · 높은 가격은 높은 마진을 통해 신규화사가 추가성장에 필요요인 자금을 확보할 수 있음
침투가격정책의 근거	· 새로운 표준을 조기에 장악할 수 있음 (ex. Netscape, Explorer) · 조기에 고정투자비가 많은 경우, 단위당 고정비를 크게 낮출 수 있음 · 경쟁자의 시장진입을 억제할 수 있음

Place (유통경로)

제품/서비스를 어떻게 소비자에게 전달할 것인가는 매우 중요한 것인가는 마케팅 의사결정이 하나로서 다양한 요소를 고려하여 결정하여야 함.

- 주요 고려 요소는 고객의 잠재적인 숫자, 제품/서비스의 종류, 고객이 기업인가 개인인가, 고객이 구매하는 장소, 제품에 대한 설명이 필요 정도, 가격의 수준, 구매빈도, 제도적별 제약 등임.
- 또한, 유통을 직접할 것인지 혹은 전문업체에게 위탁할 것인지도 중요한 의사결정 문제임. 기술발전으로 유통경로가 다양해지고 있는데 고려 가능한 방법은 아래와 같음.

  1) 소매상 (Third-party Retailers) : 최종소비자를 대상으로 제품을 판매하는 업체
  2) 대리상 (Outside Agent) : 제품 판매를 대행하고 (소유권을 취득하지는 않음) 수수료 (commission)를 취득하는 업체임
  3) 프랜차이즈점 (Franching) : 라이선스료 혹은 프랜차이즈료를 납부하고 제품/서비스를 판매하는 업체 (ex. McDonalds, Seven-eleven)
  4) 도매상 (Wholesalers) : 소매상에게 재판매를 전문으로 하는 중간상
  5) 직영점 (Stores) : 제품을 직접 소비자에게 공급하는 업체
  6) 직원 (Own sales staff) : 회사 마케팅 직원이 직접 판매를 담당하는 방식
  7) Direct Mail : 우편을 통해 직접 소비자에게 제품을 판매하는 방식
  8) Call Center : 광고를 통해 고객으로 하여금 전화로 구매를 유도하는 방식
  9) Internet : Internet 을 통한 제품 판매

Promotion (판매 촉진)

- 고객이 제품/서비스를 사게 하기 위해서는 다양한 방식으로 고객의 주목(attention)을 끌고, 알리고, 설득하고, 확신을 심어 주는 과정이 필요함
- 판매 촉진은 'marketing communication'으로 정의될 수 있으며, 핵심은 어떻게 고객에게 우리의 제품/서비스가 고객에게 가치가 있고, 경쟁 제품 혹은 대체재보다 더 잘 고객의 Need를 충족시킨다는 점을 효과적으로 알리는데 있음
- 소비자의 주목을 끄는 방법
  1) 고전적인 광고 (Classic Advertising) : 신문, 잡지, TV, 라디오
  2) Direct Marketing : 특정 고객에 대한 mail, 전화 marketing, internet
  3) PR (Public Relations) : 제품, 기업, 경영자에 관한 기사 등
  4) 전시회, 박람회 (Exhibitions)
  5) 고객 방문 (Customer Visits)
- Promotion에서 주의할 점은 Promotion이 구매결정자 혹은 구매결정에 큰 영향을 미치는 사람/집단에 focusing을 해야만 효율을 높일 수 있다는 점임

Check List (마케팅)

가격 (Price)

✓ 가격정책의 방향과 채택배경이 정확하게 기술되어 있는가   Yes ☐   No ☐

✓ 제품/서비스 가격 수준이 경쟁 제품의 가격 수준이나 소비자 수용도 측면에서 타당한 수준임을 제시하고 있는가   ☐   ☐

✓ 가격 수준이 cost 및 적정이익을 보장하고 있는지 설명하고 있는가   ☐   ☐

유통경로 (Place)

✓ 유통경로 선택의 근거가 명확히 제시되었는가   ☐   ☐

✓ 유통경로별 판매량이 기술되어 있는가   ☐   ☐

✓ 제품/서비스가 고객에게 전달되기까지 전과정이 정확히 기술되었는가   ☐   ☐

✓ 유통경로의 대안이 충분히 비교되고 검토되었는가   ☐   ☐

촉진 (Promotion)

✓ 고객 그룹별로 누가 구매의사결정권을 가졌는지 분석되어 있는가   ☐   ☐

✓ 목표고객의 제품/서비스에 관심을 갖게 한 방법이 제시되었는가   ☐   ☐

✓ 고객을 획득하고 유지하는데 얼마나 자원 (시간, 자금 등) 이 투입될 것인지 제시되었는가   ☐   ☐

✓ 제품/서비스를 시장에 Launching 하는데 필요한 단계 및 일정이 포함되어 있는가   ☐   ☐

5) Business System

Business System 이란 제품/서비스가 연구개발되고 만들어져서 최종 소비자에게 전달되어 소비될 때까지의 전체 과정을 의미함.

Business System에서는 **Value Chain, Make or Buy** 결정, 제휴의 필요성 검토 등 세 가지 부분이 검토되어야 함.

Value Chain

- 제품/서비스가 최종 고객에 전달될 때까지의 전체 과정을 설명 (그림으로도 나타내어 이해를 증진시킴)
- Process 중 어떤 부분이 Value 창출의 핵심 activity 인지를 설명함
  ex) R&D와 Marketing이 핵심 activity인 경우

| R&D | 생산 | 유통 | 판매 | 서비스 |

내부자원 활용 혹은 구매 (Make or Buy)

- 각 Value Chain 상 Process 상의 Core Skill을 규명
- 개별 Process별 내부자원 활용이 유리한지 Outsourcing이 유리한지를 전략적 중요성 (strategic significance), 적합성 (suitability), 이용가능성 (availability) 관점에서 설명
- Outsourcing의 경우, 적합한 vendor 혹은 용역업체를 비교하여 후보업체를 선정함

제휴의 필요성

- Business System의 일부 혹은 전부를 타 업체와 제휴를 통해 해결해야 할 필요성이 있는지를 검토함
- 제휴시 일반적 고려사항
  ✓ Win-Win 상황: 양측이 제휴를 통해 공평한 이익을 볼 수 있는지를 검토함
  ✓ 위험 분산 필요성: Business System의 일부에서 발생하는 위험 (거액의 초기 투자 발생 등)을 회피할 필요성이 있는지 검토함
- 제휴의 방법
  ✓ 비구속적 제휴 (non-binding partnership): 제휴 일방이 자유롭게 제휴관계를 청산할 수 있는 형태
  ✓ 폐쇄적 제휴 (close partnership): 양 당사자 간의 상호의존도가 매우 높은 경우, 합의에 의해서만 제휴 관계를 해지할 수 있는 형태
- 제휴 분야 설정: 제휴가 필요한 분야 및 그 이유를 명확히 기술함
- 제휴 업체 설정: 제휴 대상업체의 장단점을 비교함

Check List (Business System)

Value Chain   Yes No

✓ 전체 Value Chain 이 빠짐 없이 설명되고 있는가   □   □
✓ Value Chain 중 어떤 부분이 핵심 가치 창출 부분인지 제시되었는가   □   □
✓ Value Chain 별 cost 가 객관적으로 설명되고 있는가   □   □

Make or Buy

✓ 어떤 부분을 직접하고 어떤 부분을 outsourcing 할 것인지 설명되었는가   □   □
✓ 전략적 중요성, 적합성, 이용가능성 측면에서 타당성이 검증되었는가   □   □
✓ Outsourcing 이 필요한 분야의 경우, 대상업체가 적절하게 비교되고 있는가 □   □

제휴

✓ 제휴 분야와 필요성이 명확히 기술되었는가   □   □
✓ 제휴 대상업체가 적절하게 비교되고 있는가   □   □
✓ 제휴 방법에 대한 비교가 적절하게 이루어지고 있는가   □   □
✓ 제휴가 양 당사자 입장에서 공평한 이익을 주는지 검토되었는가   □   □

창업계획서 쉽게 어필하라 **217**

6) 조직 및 인력

조직

- 사업추진 단계별로 필요한 조직 형태를 제시함 (조직도 표시)
- 사업 Incubating 단계에서는 TFT(Task Force Team) 형태를 유지하고, 사업이 본격화될 경우에는 독립된 Business Unit 로 설계함
- 각 조직 단위별 Mission 및 기능을 상세하게 기술함

인력

- 조직별 Leader 및 Team 원에게 요구되는 Skill, 자질, 경력 등을 상세히 기술함
- Leader/Team 원을 내부에서 업적 평가를 위한 KPI(Key Performance Index)를 설정함
- Leader/Team 원에 대한 보상(reward) 방안을 제시함
- 사업단계별로 조직단위 /직위별 소요인력을 표시함

Check List (조직 및 인력)

조직

    Yes   No

- ✓ 사업추진 단계별로 필요한 조직도가 제시되었는가 □ □
- ✓ 조직도 설계의 근거는 분명히 제시되었는가 □ □
- ✓ 각 단위별로 mission 및 기능이 상세하게 기술되었는가 □ □
- ✓ 신속한 의사결정 측면에서 조직이 적절하게 구성되어 있는가 □ □
- ✓ 계층은 최소한으로 단축되어 있는가 □ □

인력

- ✓ 각 단위 조직의 leader 에게 요구되는 skill, 자질, 경력 등은 기술되었는가 □ □
- ✓ 각 단위 조직의 주요 팀원들에게 요구되는 skill, 자질, 경력 등은 기술되었는가 □ □
- ✓ Leader/Team 원이 외부 or 내부에서 충원되는지에 대한 객관적인 근거와 함께 기술되었는가 □ □
- ✓ Leader/Team 원에 대한 업무평가를 위한 KPI 가 선정되었는가 □ □
- ✓ KPI(Key Performance Index) 가 Mission 및 기능과 잘 조화를 이루고 있는가 □ □
- ✓ Leader/Team 원에 대한 보상 (reward) 방안이 제시되고 있는가 □ □

창업계획서 쉽게 어필하라

7) 기회와 위험

신규사업에 내재된 기회와 위험을 분석하여 **risk** 의 관리방안 및 기회의 활용방안을 도출함

위험 분석

- 사업추진에 따른 기본적인 **risk** 를 를 시장, 경쟁, 기술 등의 측면에서 분석함
- 이러한 **risk** 요인들의 영향력 **(impact)** 을 계량적으로 측정함
- **Risk** 를 **Hedge** 하거나 **Manage** 할 수 있는 방안을 도출함

기회분석

- 신규사업 추진에 따라 갖게 되는 시장, 경쟁, 기술 등의 측면에서 추가적인 기회의 내용을 분석함
- 이러한 **option** 의 가치를 계량적으로 측정함
- **Option** 가치를 높일 수 있는 방안을 도출함

Check List (기회와 위험)

위험 분석

                                                                              Yes No

- ✓ 신규 사업추진에 따른 시장, 경쟁, 기술상의 risk 가 정확히 제시되었는가   ☐ ☐
- ✓ 시장, 경쟁, 기술상의 risk 가 정량적으로 평가되고 있는가   ☐ ☐
- ✓ Risk 를 hedge 할 수 있는 방안이 충분히 제시되었는가   ☐ ☐

기회 분석

- ✓ 신규사업 추진에 따른 시장, 경쟁, 기술상의 잠재적인 기회가 정확히 제시되었는가   ☐ ☐
- ✓ 시장, 경쟁, 기술상의 option 의 가치가 정량적으로 평가되었는가   ☐ ☐
- ✓ Option 의 가치를 높일 수 있는 방안이 충분히 제시되었는가   ☐ ☐

8) 실행 일정

현실성 있는 **5**개년 계획을 수립함으로써 **Project** 추진상의 상호 연관된 문제들을 동시에 고려할 수 있으며 특히 지나치게 낙관적인 계획을 수립함으로써 발생할 수 있는 **risk** 를 회피할 수 있음

실행 일정 계획의 수립 (**Drawing up your implementation schedule**)

1) 간트 실행 일정: 주요 과제별로 간트 **Chart** 로 일정 계획 표시
2) 주요 이정표 (**Milestone**): 업무 수행의 이정 표가 되는 **event** 를 표시
3) 업무간의 중요한 상호관계 및 의존성 표시

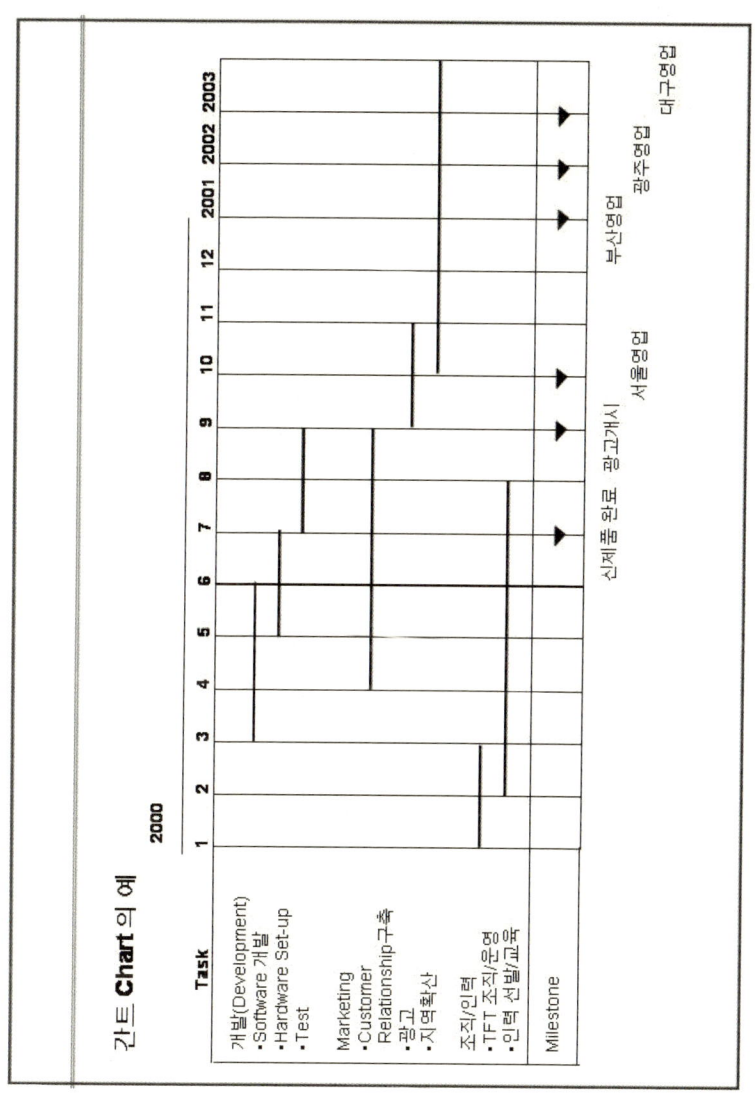

간트 **Chart** 의 예

창업계획서 쉽게 어필하라   223

Check List (실행 일정)

	Yes	No

간트 Chart 일정 계획

✓ 간트 Chart 형식으로 일정계획이 표시되었는가 ☐ ☐
✓ 주요한 업무가 누락되어 있지 않은가 ☐ ☐
✓ Business Plan 내 다른 항목 (조직, 인력, 재무 등) 과 일관성이 있는가 ☐ ☐
✓ 전체 일정이 지나치게 낙관적이지 않은가 ☐ ☐

주요 이정표 (Milestone)

✓ 사업추진의 주요 이정표 (milestone) 가 표시되어 있는가 ☐ ☐
✓ Milestone 이 간트 일정 계획과 일관성이 있는가 ☐ ☐

상호관계 및 상호의존

✓ 업무간의 선후관계에 논리적인 모순이 없는가 ☐ ☐
✓ 상호의존적인 업무간의 관계가 잘 표시되고 있는가 ☐ ☐

9) 재무 계획

- 재무계획은 사업계획서의 다른 모든 요소를 종합하여 사업이 어느 정도의 수익성을 갖고 있는지를 계수적으로 나타낸 것임
- 재무계획은 또한 사업추진에 필요한 자금조달 규모를 예측하는데 기본자료로 활용됨

재무계획은 아래 5가지 요소를 반드시 갖추어야 함 **(Minimum Requirement)**

1) 현금흐름표 **(Cash Flow Statement)**, 손익계산서 **(Income Statement)**, 대차대조표 **(Balance Sheet)**

2) 예측기간이 최소 **5년** 이상, 적어도 현금흐름이 플러스가 되는 시점이후 **1년** 까지

3) 최초 **2년간**의 상세한 재무계획 (월별 혹은 분기별), 이후는 연간기준

4) 모든 숫자는 합리적인 가정 **(assumption)**에 근거해야함 (모든 가정은 사업 계획내에서 근거가 제시되어 있어야함)

5) 경제성 분석결과 **(NPV, IRR, Payback** 기간**)** 및 주요 변수 변화에 따른 민감도 분석 **(Sensitivity Analysis)**

손익계산서

- 손익계산서는 동 사업이 영업을 통하여 이익을 낼 수 있는지를 파악하는 것으로, 장기적으로 이익을 낼 수 없는 사업은 존립할 수 없음
- 손익계산서의 대항목 부류는 아래와 같으며, 사업의 특성에 맞게 항목별로 소항목을 표시함. (외부의 특별한 자금원이 없이 사내자금으로 진행되는 사업은 이자비용은 감안하지 않는 방식으로 표시함. unleveraged basis)

Year 1 ~ 5 년

A. 매출액 (Revenue)
B. 매출원가 (Cost)

C. 매출총이익 (Gross Profit, A-B)
D. 판매 및 일반관리비 (SG&A)

E. 감가상각전 영업이익 (EBIDTA, C-D)
F. 감가상각 (Depreciation)

G. 영업이익 (EBIT, E-F)
H. 세금 (Tax)
I. 세후영업이익 (NOPLAT, G-H)

작성시 주의사항

- 가격 x 수량 형태로 상세한 근거 자료 제시
- 변동비와 고정비로 분류하여서 근거 제시

- 매출총이익률 (매출총이익/매출액) 표시
- 변동비/고정비 및 직접판관비/배부판관비로 분류하여 근거제시

- 현금흐름표의 투자계획과 일관성 있게 작성, 상각방법/상각기간 근거제시

- 세율표시

현금흐름표 (Cash Flow Statement)

- 현금흐름표는 사업추진에 투입될 투자금액과 사업에서 창출될 현금을 기간별로 체계적으로 나타낸 것임
- 현금흐름표의 대항목은 대체로 아래와 같이 구성됨

Year 1 ~ 5 년   작성시 주의사항

A. 영업현금흐름

A.1. 세후영업이익
A.2. 감가상각비
A.3. 외상매출금 감소/(증가)
A.4. 외상매입금 증가/(감소)
A.5. 재고의 감소/(증가)
A.6. 기타단전자금 감소(증가)

B. 투자현금흐름

C. 순 현금흐름 (A - B)
D. 누적 현금흐름

- 손익계산서의 세후영업이익과 일치
- 손익계산서의 감가상각과 일치
- 매출액 x 예상일수의 형태로 근거 제시
- 매입액 x 예상일수의 형태로 근거 제시
- 매입액 x 재고일수의 형태로 근거 제시
- 판매 및 일반관리비의 비율로 근거 제시
- 상세히 연도별 투자내역 (자산 항목/감가상각 방법)이 차이별로 구분)을 별도 항목으로 상세히 표시

창업계획서 쉽게 어필하라   **227**

대차대조표 (Balance Sheet)

- 대차대조표는 사업추진에 따른 사업의 재산 상태의 변화를 년도별로 표시할 것임
- 대차대조표는 대항목을 대체로 아래와 같이 구성됨 (대차대조표는 별도의 작업 없이 손익계산서/현금흐름표에서 수식형태로 자동으로 계산되도록 함)

Year 1 ~ 5 년

작성시 주의사항

A. 유동자산
A.1. 외상매출금
A.2. 재고자산
A.3. 기타 운전자금

- 현금흐름표의 외상매출금 증감의 누적
- 현금흐름표의 재고자산증감의 누적
- 현금흐름표의 기타 운전자금 증감의 누적

B. 고정자산
B.1. 투자자산
B.2. 감가상각 충당금

- 현금흐름표의 투자 현금흐름의 누적
- 손익계산서의 감가상각비의 누적

C. 총자산 (A+B)

D. 유동부채
D.1. 외상매입금

- 현금흐름표의 외상매입금 증감의 누적

E. 자본
E.1. 투자필요자금
E.2. 누적 세후영업이익

- 현금흐름표의 누적 현금 흐름
- 손익계산서의 세후 영업이익의 누적

F. 부채 및 자본 (D + E)

경제성 분석 결과

- 사업추진으로 회사가 얻게 되는 경제적 효익을 순현가(NPV: Net Present Value), 내부수익률 (IRR : Internal Rate of Return), 회수기간 (Payback Period) 등으로 표시함

- 통상적이고 경제성 분석의 방법은 아래와 같음

	Year 1	Year 2	Year 3	Year 4	Year 5	Perpetuity	Total

A. 순현금흐름 (from 현금흐름표)
B. 누적순현금 흐름 (from 현금흐름표)
C. 회수기간 : 누적순현금 흐름이 플러스가 시점
D. Perpetuity : 감가상각전 영업이익 (EBITDA) x Multiple (사업의 특성을 감안한 승수)
E. 할인율(i) : 회사의 자본비용 + α (사업의 추가 risk 수준) 을 감안하여 결정함
F. 현가지수: $1/(1+i)$ $1/(1+i)^2$ $1/(1+i)^3$ $1/(1+i)^4$ $1/(1+i)^5$ $1/(1+i)^5$
G. NPV : (ΣA x F + D x F)
H. IRR :   A + D 가 Zero가 될 때의 할인율

※ Perpetuity : 기업이 예측기간 이후에도 계속해서 영위될 때의 계속가치/ 잔존가치

민감도 분석

- 민감도 분석은 사업의 핵심 변수/가정(key driver)가 변함 때, 경제적 효익이 얼마나 영향을 받는지를 분석함으로써, 사업에 내재된 risk 수준을 평가하고 사업추진시 관리해야 할 risk factor를 찾아내는데 있음
- 민감도 분석시 주로 이용되는 key driver는 투자비, 가격, 판매량 등임.
- Key Driver 별로 가능성 및 대처방안에 대해 기술함

Key Driver	-20%	-10%	Base	+10%	+20%
투자비 가격 판매량 원재료비 판관비		NPV 및 IRR 변화를 기록함			NPV 및 IRR 변화를 기록함

Check List (재무 계획)

가정
- ✓ 주어진 가정으로 제 3자가 손익계산서, 현금흐름표, 대차대조표를 완벽하게 만들 수 있는가 Yes ☐ No ☐
- ✓ 가정에 대한 명확한 근거가 제시되어 있는가 Yes ☐ No ☐
- ✓ 가격 수준이 cost 및 적정이익을 보장하고 있는지 설명하고 있는가 Yes ☐ No ☐

손익계산서
- ✓ 손익계산서가 이해하기 쉽게 체계적으로 구성되어 있는가 Yes ☐ No ☐
- ✓ 손익계산서의 대항목이 충분하게 소항목으로 분류되었는가 Yes ☐ No ☐

현금흐름표
- ✓ 현금흐름표가 이해하기 쉽게 체계적으로 구성되어 있는가 Yes ☐ No ☐
- ✓ 현금흐름표의 대항목이 충분하게 소항목으로 분류되었는가 Yes ☐ No ☐

대차대조표
- ✓ 대차대조표가 이해하기 쉽게 체계적으로 구성되어 있는가 Yes ☐ No ☐
- ✓ 대차대조표가 손익계산서/현금흐름표와 일관성이 있는가 Yes ☐ No ☐

경제성 분석 및 민감도 분석
- ✓ 경제성 분석이 이해하기 쉽게 체계적으로 구성되어 있는가 Yes ☐ No ☐
- ✓ Perpetuity가 객관적으로 볼 때, 적절하게 잡아가는가 Yes ☐ No ☐
- ✓ NPV, IRR, Payback Period 이 계산이 정확하게 이루어졌는가 Yes ☐ No ☐
- ✓ 핵심변수(key driver)에 대한 민감도 분석이 적절하게 이루어졌는가 Yes ☐ No ☐